Rita [illegible]
Stricker 27/11

Perlen-Zauberei

Schmuck mit Swarovski®-Perlen

Ringe, Ketten & mehr

AUTORIN: Angelika Ruh

Genehmigte Sonderausgabe für die Verlagsgruppe Weltbild GmbH, Steinerne Furt 67, D-86167 Augsburg

FOTOS: frechverlag GmbH, 70499 Stuttgart; Fotostudio Ullrich & Co., Renningen

DRUCK: Neografia, Slowakische Republik

ISBN 3-7724-5460-7

Einkaufen im Internet: *www.weltbild.de*

Die allerschönsten Ideen mit Swarovski®-Perlen

Schmücken Sie sich mit Ringen, Ketten, Haarschmuck und anderen schillernden Accessoires und glänzen Sie damit zu jeder Tageszeit und zu jedem Anlass. Alltagstauglicher Schmuck und Schillerndes für den Abend bieten eine reiche Auswahl.

Die funkelnden Schmuckstücke und eleganten Accessoires aus Kristallschliffperlen von Swarovski®, Renaissanceperlen, Rocailles und Glasschliffperlen sind nach den Anleitungen und Fädelskizzen in diesem Buch ganz einfach selbst zu fertigen.

Viele der Schmuckstücke lassen sich toll zu ganzen Sets kombinieren. Kreieren Sie das passende Ensemble zu Ihrem Lieblingsoutfit und erfreuen Sie sich und Ihre Lieben mit individuellen Schmuckstücken, die von Herzen kommen.

Wie wünschen Ihnen viel Spaß beim Fädeln!

LEGENDE

Am häufigsten verwendete Perlen:

- Rocaille, ø 2 mm
- Swarovski®-Kristall-Schliffperle, ø 4 mm
- Swarovski®-Kristall-Schliffperle, ø 6 mm
- Swarovski®-Kristall-Schliffperle, ø 8 mm
- Swarovski®-Kristall-Würfel, 3 mm x 3 mm
- Swarovski®-Kristall-Würfel, 6 mm x 6 mm
- Swarovski®-Kristall-Würfel, 8 mm x 8 mm
- Glas-Wachsperle, ø 4 mm
- Glas-Wachsperle, ø 6 mm
- Glas-Wachsperle, ø 8 mm
- Glas-Wachsperle, ø 10 mm
- Glasschliff-Perlen, ø 3 mm, 4 mm oder 6 mm
- Swarovski®-Kristallperle, ø 4 mm
- Swarovski®-Kristallperle, ø 6 mm
- Quetschperle

Materialien

Kristall-Schliffperlen von Swarovski®

Kristall-Schliffperlen bestechen durch ihre klaren, wunderschönen Farben und ihren präzisen Schliff. Für die gezeigten Schmuckstücke werden verschiedene Formen verwendet.

Glasschliff-Perlen

Glasschliff-Perlen sind nahezu rund und schimmern regenbogenartig.

Glas-Wachsperlen

Glas-Wachsperlen (z.B. Renaissance-Glaswachsperlen) zeichnen sich durch ihre hohe Qualität aus. Sie sind siebenfach verwachst, lichtecht, sehr schweißfest, stark abriebfest und sogar mit Handwäsche bei 30°C waschbar. Sie sind in verschiedenen Farben und Größen erhältlich.

Nylonfaden

Nylonfaden, ø 0,25 mm, wird für alle Ringe und einige andere Modelle benötigt.

Kunststoffummantelter Schmuckdraht

Kunststoffummantelter Stahldraht, ø 0,4 mm, wird in verschiedenen Farben angeboten.

Perlen-Aufreihseide

In gut sortierten Fachgeschäften erhalten Sie Aufreihseide in verschiedenen Farben und Stärken, mit oder ohne am Faden fest angebrachter Nadel.

Perlen-Aufreihnadel

Spezielle Perlen-Aufreihnadeln haben einen sehr kleinen Durchmesser, sind lang und flexibel.
Sie werden für Arbeiten mit Aufreihseide ohne fest angebrachter Nadel benötigt.

Verschlüsse

Im gut sortierten Fachgeschäft sind verschiedene Modelle erhältlich.

Ringel

Ringel verbinden Quetschkalotte und Verschluss.

Spaltringe

Spaltringe werden als Verbindungselemente verwendet.

Quetschperlen

Quetschperlen sind Metallperlen, die mit einer Flachzange zusammengedrückt werden und so Nylonfaden, Schmuckdraht und Aufreihseide einklemmen. Sie werden zum Anbringen von Verschlüssen und Fixieren einzelner Perlen auf Schmuckdraht verwendet.

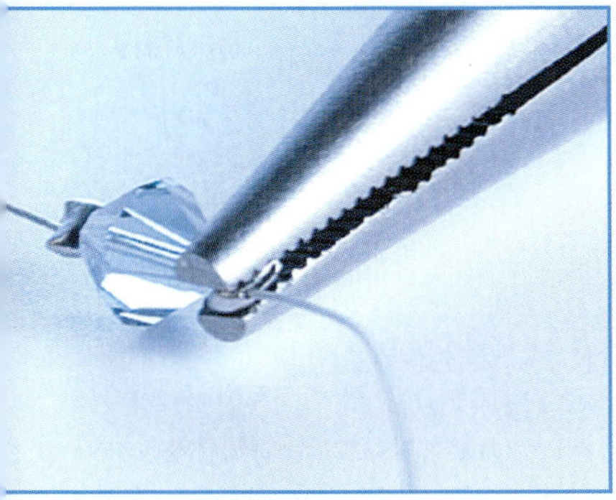

Quetschkalotten

Quetschkalotten werden zum Anbringen von Verschlüssen verwendet.

Hilfsmittel

Moosgummiplatte

Eine Moosgummiplatte als Arbeitsunterlage verhindert das Wegspringen der Perlen.

Alleskleber

Mit Alleskleber die verknoteten Nylonfäden bzw. Perlen-Aufreihseide sparsam betupfen und dadurch zusätzlich sichern.

Schere

Sehr kleine, spitze Schere zum Kürzen des Nylonfadens bzw. der Perlen-Aufreihseide.

Pinzette

Eine schmale, gerade und möglichst spitze Pinzette ist immer da eine große Hilfe, wo die Finger nicht mehr dazwischen kommen.

Kneifzange

Kleine Kneifzange zum Durchtrennen von Schmuckdraht.

Flachzange

Eine schmale Flachzange zum Zusammendrücken von Quetschperlen und Quetschkalotten.

Rundzange

Eine Rundzange, um große Ösen selber zu biegen.

Zahnstocher

Als Hilfsmittel für feine Arbeiten.

Hinweis: Die benötigten Hilfsmittel werden in den einzelnen Materiallisten nicht nochmals aufgeführt.

Tipp: Benützen Sie keinen Sekundenkleber, da er Nylonfaden und Perlen-Aufreihseide brüchig werden lässt.

Tipp: Achten Sie unbedingt darauf, ausschließlich hochwertige Glas-Wachsperlen zu verwenden, damit Sie lange Freude an Ihren Schmuckstücken haben.

Tipp: Halten Sie sich unbedingt an die Größenangaben der Perlen, damit die Schmuckstücke gelingen.

Hinweis: Um die Skizzen übersichtlich zu machen, werden die im Arbeitsschritt neu hinzukommenden Perlen zum Teil dunkler als die bereits aufgefädelten Perlen dargestellt.

So wird's gemacht

Anbringen von Verschlüssen

an Schmuckdraht und Nylonfaden

Am Ende des Schmuckdrahtes bzw. Nylonfadens eine Quetschperle durch kräftiges Zusammendrücken anbringen. Das überstehende, kurze Ende ca. 1 mm nach der Quetschperle abzwicken. In die Quetschkalotte etwas Kleber tupfen. Das Ende des Drahtes bzw. Fadens einlegen und die Quetschkalotte mit der Flachzange zusammendrücken. Mithilfe eines Ringels den Verschluss in die Öse der Kalotte einhängen.

an Perlen-Aufreihseide

Eine Quetschperle auf das Ende der Aufreihseide fädeln und durch kräftiges Zusammendrücken eng an der letzten Perle fixieren. Hinter der Quetschperle sollten ca. 2,5 cm überstehen. Dieses Ende hinter der Quetschperle verknoten und auf ca. 2 mm kürzen.

Kleber in die Quetschkalotte tupfen, die Quetschperle und den knapp dahinter liegenden Knoten in diese legen und dann behutsam zusammendrücken. Den Verschluss mithilfe eines Ringels in die Öse der Kalotte einhängen.

Befestigen von Satinbändern

Quetschperle auf das Ende der Aufreihseide bzw. des Nylonfadens fädeln, dann durch die Öse des Verbinders und anschließend durch die Quetschperle zurückfädeln. Die Quetschperle durch kräftiges Zusammendrücken fixieren. Den Faden hinter der Quetschperle verknoten. Das Fadenende mit Alleskleber betupfen, durch die anschließende Glas-Wachsperle fädeln und abschneiden.
Ein Ende des Satinbandes auf beiden Seiten sorgfältig mit Kleber bestreichen und in den Verbinder kleben. Dazu eine Pinzette oder einen Zahnstocher zur Hilfe nehmen.

Tipp: Sie können statt des Satinbandes einen Verschluss anbringen. Achten Sie dabei jedoch darauf, dass Sie eventuell mehrere Perlen auf die Kette fädeln müssen, um eine ausreichende Kettenlänge zu erhalten.

Knotentechnik

Die hochwertigen Glas-Wachsperlen kommen besonders schön zur Geltung, wenn sie beim Aufziehen auf Perlen-Aufreihseide durch Knoten getrennt werden. Die Knoten dürfen nicht zu locker und der Zwischenraum von Perle zu Perle sollte gleich groß sein. Je nach Modell zu Beginn eine Quetschperle und eine Quetschkalotte bzw. eine Quetschperle und einen Verbinder, wie links beschrieben, anbringen.
Eine Quetschperle auf die Aufreihseide fädeln und fixieren.

Skizze 1

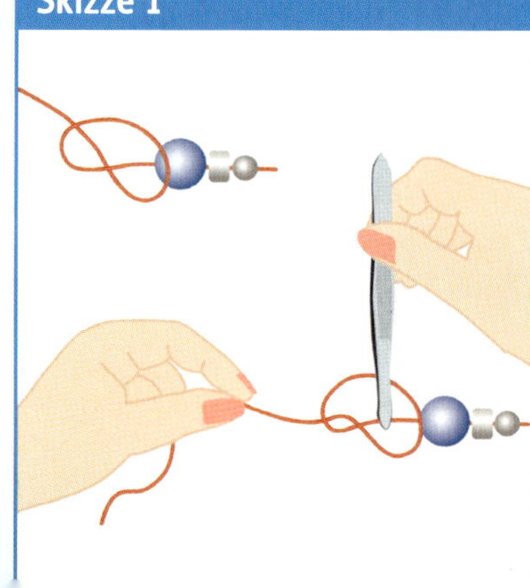

Ganz dicht hinter und vor der Quetschperle einen Knoten machen. Die erste Glas-Wachsperle aufnehmen und dicht an ihr einen Knoten knüpfen. Das lange Ende in einer Hand halten, die Pinzette in die Schlaufe führen und mit ihr den Faden direkt an der Perle festhalten (Skizze 1).

Den langen Faden leicht gestrafft halten und den Knoten auf der Pinzette festziehen (Skizze 2).

Auf die gleiche Art die nächste Perle aufziehen und den nächsten Knoten knüpfen. So lange fortfahren, bis die gewünschte Länge erreicht ist. Die Aufreiharbeit durch einen letzten Knoten beenden und den Verschluss, wie auf Seite 6 beschrieben, anbringen.

Tipp: Für große Perlen sollten Sie stärkere Aufreihseide verwenden oder Sie arbeiten mit mehreren Strängen dünnerer Aufreihseide.

Kreuzknoten

Zum Ansetzen von zu kurzer oder abgerissener Perlen-Aufreihseide den Kreuzknoten anwenden (Skizze 3).

Skizze 2

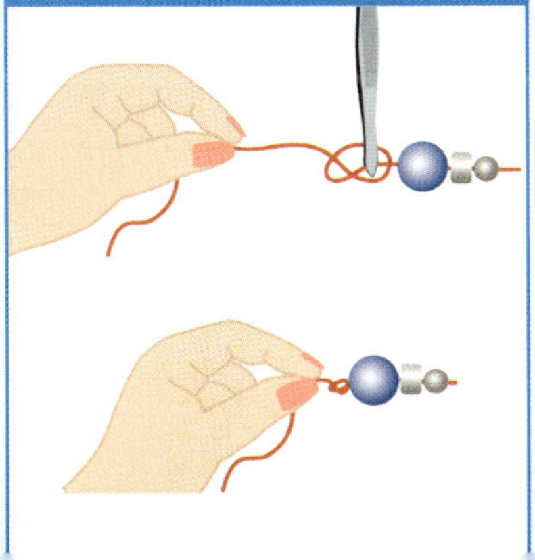

Berechnung der Fadenlänge für die Knotentechnik

Den Durchmesser der Perlen mit der gewünschten Anzahl an Perlen multiplizieren. Diese Zahl mit zwei multiplizieren, wenn mit doppelt genommenem Faden gearbeitet werden soll. Soll mit dreifach genommenem Faden gearbeitet werden, die Zahl mit drei multiplizieren. Diesen Betrag für die Knoten verdoppeln. Als Zugabe 50 mm hinzugeben.

Beispiele für eine Kette aus 40 Perlen, ø 8 mm:

Einfach genommener Faden
$40 \times 8 = 320 \times 2 = 640 + 50 = 690$ mm $\geq$ 0,69 m

Doppelt genommener Faden
$40 \times 8 \times 2 = 640 \times 2 = 1280 + 50 = 1330 \geq$ 1,33 m

Fädeln auf Nylonfaden

Die Fädeltechniken werden bei den einzelnen Modellen genau und mit Skizzen beschrieben. Die Fäden werden häufig durch eine Perle gekreuzt. Dies bedeutet, dass die beiden Fadenenden in entgegengesetzter Richtung durch eine Perle geführt werden. Beim Fädeln unbedingt auf gute Fadenspannung achten! Haben Sie einen Ring fertig gefädelt, zur Stabilisierung die Ringschiene nochmals zurückfädeln. Bei allen Fädelarbeiten die Fäden an einer unauffälligen Stelle miteinander verknoten. Mithilfe eines Zahnstochers Alleskleber auf den Knoten geben, dann nochmals verknoten. Den Knoten möglichst in eine Perle ziehen, dann die überstehenden Fadenenden abschneiden. Statt zu knoten können Sie die Fäden so lange im Muster verweben, bis sie fest sitzen. Eine sehr elegante, aber etwas mühevolle Arbeit.

Skizze 3

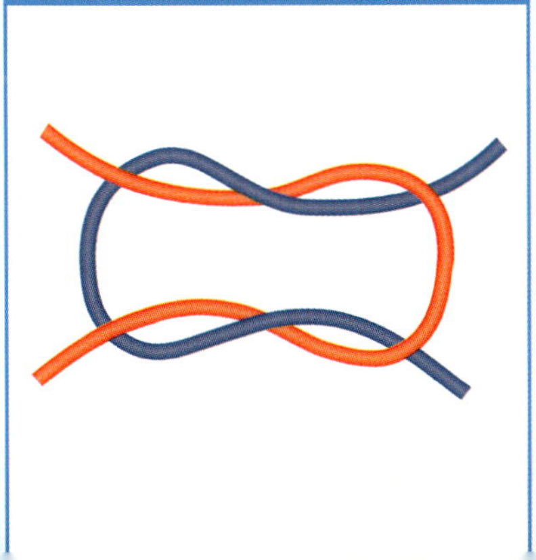

Tipp: Bei einigen Objekten können nur ungefähre Angaben gemacht werden, da Ringschienen und Ketten immer der individuellen Größe angepasst werden müssen.

Tipp: Probieren Sie Ringe während des Fädelns der Schiene immer wieder an und beachten Sie dabei, dass die Ringschiene durch das Vernähen der Fäden noch etwas kleiner wird.

MATERIAL RING IN ORANGE UND GRÜN

- Swarovski®-Perle in Jade, ø 6 mm
- 10 Swarovski®-Perlen in Orangerot, ø 4 mm
- 2 Swarovski®-Perlen in Jade, ø 4 mm
- Rocailles in Gelb, ø 2 mm
- Nylonfaden, ø 0,25 mm, ca. 1 m lang

RING MIT WÜRFELN

- 3 Swarovski®-Würfel in Mondstein, 3 mm x 3 mm
- 10 Swarovski®-Perlen in Smaragd, ø 4 mm
- 6-9 Glasschliff-Perlen in Mondstein, ø 4 mm
- Rocailles in Schwarz, ø 2 mm
- Nylonfaden, ø 0,25 mm, ca. 1 m lang

RING IN ROSA, GELB UND GRÜN

- 2 Swarovski®-Perlen in Goldgelb, ø 6 mm
- 2 Swarovski®-Perlen in Goldgelb, ø 4 mm
- 6 Swarovski®-Perlen in Rosa Chiffon, ø 4 mm
- 6-9 Glasschliff-Perlen in Rubin, ø 4 mm
- Rocailles in Hellgrün, ø 2 mm
- Nylonfaden, ø 0,25 mm, ca. 1 m lang

Grundtechnik Ringschiene

Alle auf Seite 9 gezeigten Ringe werden in der Grundtechnik für Ringschienen gefädelt und unterscheiden sich nur durch die Art und Anzahl der verwendeten Perlen. Die gezeigten Kombinationen unterhalb der gestrichelten Linie eignen sich alle als Ringschiene für die im Buch gezeigten Ringe.

Tipp: Für Ringschienen sollten Sie keine Swarovski®-Perlen verwenden, da sie scharfkantig und unbequem sind. Rocailles und Glasschliff-Perlen eignen sich am besten.

Tipp: Für Ringschienen sind keine genauen Mengenangaben möglich, da sie von der jeweiligen Ringgröße abhängen. Für alle im Buch gezeigten Modelle können Sie sich jede beliebige, im Folgenden gezeigte Variante aussuchen. Sie werden bei den jeweiligen Modellen nicht beschrieben.

1 Die Perlen gemäß der Skizze aufnehmen, durch eine Swarovski®-Perle kreuzen und die Arbeit in die Mitte des Fadens schieben. Das Muster gemäß der Skizze weiterarbeiten.

2 Nach dem gleichen Prinzip die Ringschiene unterhalb der gestrichelten Linie aus Rocailles bzw. Glasschliff-Perlen arbeiten.

3 So lange weiterarbeiten, bis der Ring passt. Den Ring schließen, indem durch die mit Pfeil markierte Perle gekreuzt wird. Danach wie auf Seite 7 (Fädeln auf Nylonfaden) beschrieben fertig stellen.

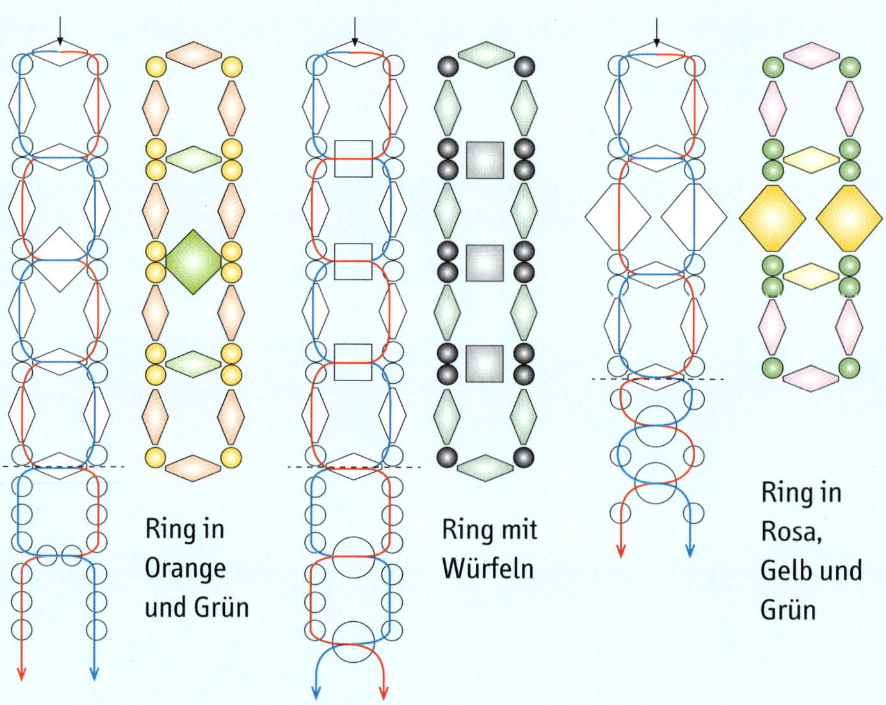

Ring in Orange und Grün

Ring mit Würfeln

Ring in Rosa, Gelb und Grün

Einfache Ringe

→ schnell gemacht

Blümchenringe

→ Glanzstücke

RING IN BLAUTÖNEN (MIT DREI BLÜMCHEN)

- 6 Swarovski®-Perlen in Eisblau, ø 4 mm
- 6 Swarovski®-Perlen in Royalblau, ø 4 mm
- 10 Glasschliff-Perlen in Onyx, ø 4 mm
- Rocailles in Türkis, ø 2 mm
- Nylonfaden, ø 0,25 mm, ca. 1 m lang

RING IN GRÜN UND MONDSTEIN (MIT VIER BLÜMCHEN)

- 8 Swarovski®-Perlen in Mondstein, ø 4 mm
- 8 Swarovski®-Perlen in Meergrün, ø 4 mm
- 12 Glasschliff-Perlen in Onyx, ø 4 mm
- Rocailles in Schwarz gelüstert, ø 2 mm
- Nylonfaden, ø 0,25 mm, ca. 1 m lang

RING IN TRANSPARENT (MIT SECHS BLÜMCHEN)

- 24 Swarovski®-Perlen in Mondstein, ø 4 mm
- 17 Glasschliff-Perlen in Bergkristall, ø 4 mm
- Rocailles in Silber, ø 2 mm
- Rocailles in Schwarz gelüstert, ø 2 mm
- Nylonfaden, ø 0,25 mm, ca. 1 m lang

RING IN TÜRKIS UND BLAU (MIT NEUN BLÜMCHEN)

- 24 Swarovski®-Perlen in Ind. Türkis, ø 4 mm
- 12 Swarovski®-Perlen in Eisblau, ø 4 mm
- 24 Glasschliff-Perlen in Onyx, ø 4 mm
- Rocailles in Silber, ø 2 mm
- Nylonfaden, ø 0,25 mm, ca. 1,30 m lang

Grundtechnik Blümchenmuster

Diese einfach zu machenden, aber sehr effektvollen Ringe im Blümchenmuster werden alle nach dem gleichen Schema gefädelt und eignen sich sehr gut als Einsteiger-Modelle. Sie bestehen aus einer Oberseite aus Swarovski®-Perlen und Rocailles sowie aus einer Unterseite aus Glasschliff-Perlen. Auf Basis dieser Grundtechnik wird ein Großteil der in diesem Buch gezeigten Schmuckstücke hergestellt.

Tipp: Um sich mit dem Fädelmuster vertraut zu machen, sollten Sie als erstes mit dem einreihigen Modell in drei Blautönen und mit drei Blüten beginnen.

Abb. 1

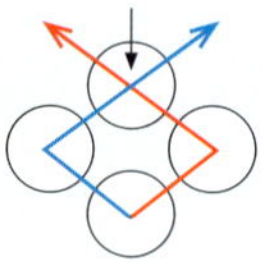

Abb. 2

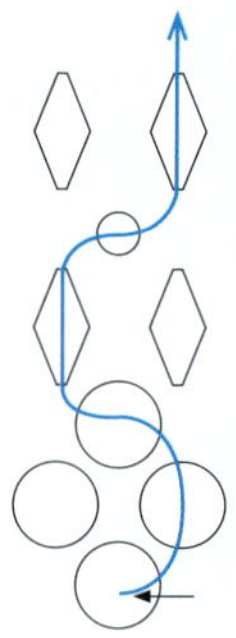

Abb. 3

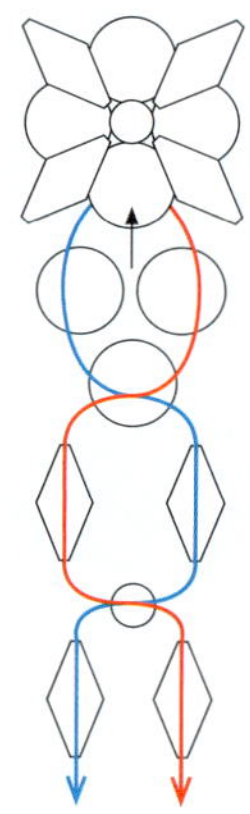

Abb. 4
Unterseite

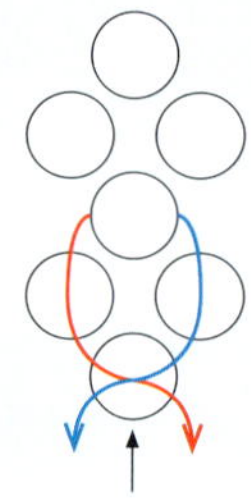

Abb. 5
Unterseite

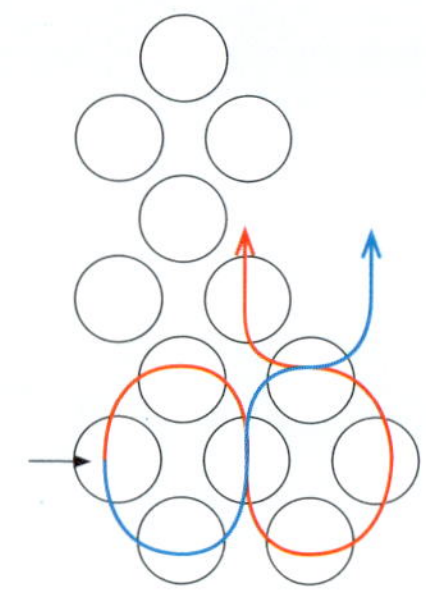

WEITERFÜHRUNG

Blümchenringe

1 Für die Unterseite vier Glasschliff-Perlen auf den Nylonfaden aufnehmen und durch die vierte kreuzen, also die beiden Fadenenden in entgegengesetzter Richtung durch die Perle (siehe Pfeile) führen. Die Arbeit in die Mitte des Fadens schieben. Mit den gleich langen Fäden (blau und rot dargestellt) weiterarbeiten (Abb.1).

2 Für die erste Blüte auf der Oberseite pro Faden eine Swarovski®-Perle aufnehmen und durch eine Rocaille kreuzen. Nochmals eine Swarovski®-Perle pro Faden aufnehmen und durch die zuvor aufgenommene, mit Pfeil markierte Glasschliff-Perle kreuzen. Die Blüte wird so mit der Unterseite aus Glasschliff-Perlen fest verbunden (Abb. 2).

3 Für die Unterseite der nächsten Blüte auf jedes Fadenende eine Glasschliffperle auffädeln und durch eine dritte kreuzen (Abb. 3). Arbeitsschritt 2 wiederholen und durch die mit Pfeil in Abb. 3 markierte Glasschliff-Perle kreuzen.

4 Die Arbeit umdrehen und die Fäden durch die seitlichen Glasschliff-Perlen zurückführen (Abb. 4). Durch die mit Pfeil in Abb. 4 markierte Glasschliff-Perle kreuzen.

5 Die dritte und jede weitere Blüte in einer Reihe gemäß Schritt 3 arbeiten.

6 Die Unterseite der ersten Blüte in zweiter bzw. dritter Reihe gemäß Abb. 5 (statt Abb. 4) arbeiten. Die Blüte aus Swarovski®-Perlen und Rocailles auf der Oberseite, das Verbinden mit der Unterseite, das Zurückfädeln sowie das Kreuzen durch die Glasschliff-Perlen bleibt gleich. Immer in die Richtung, in der die nächste Blüte anschließen soll, weiterarbeiten.

7 Für die Unterseite der zweiten und jeder weiteren Blüte in zweiter (dritter) Reihe werden nur noch zwei Glasschliff-Perlen benötigt (Abb. 6).

8 In die vorhandenen Lücken zwischen den äußeren Glasschliff-Perlen je eine Rocaille fädeln (Abb. 7).
Dann die Ringschiene arbeiten (siehe Seite 8). Das Muster der Ringschiene so lange fortführen, bis der Ring passt und den Ring schließen. Dann die Fäden verknoten bzw. verweben (siehe Seite 7).

Abb. 6
Unterseite

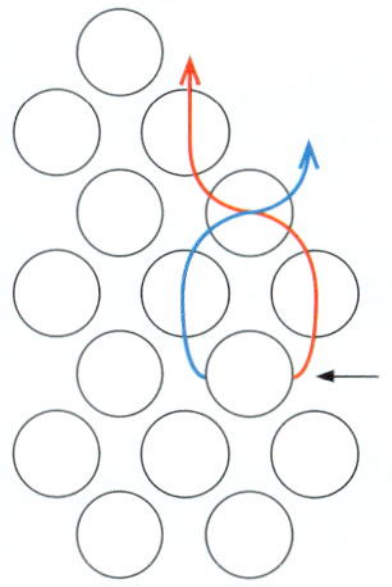

Abb. 7
Unterseite

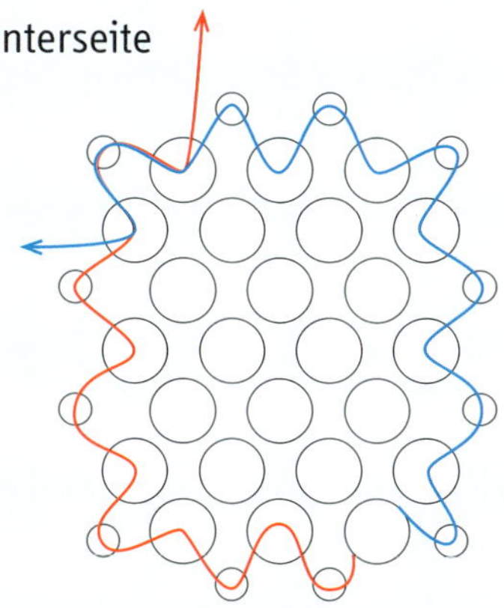

Ring in Blau
(mit drei
Blümchen)

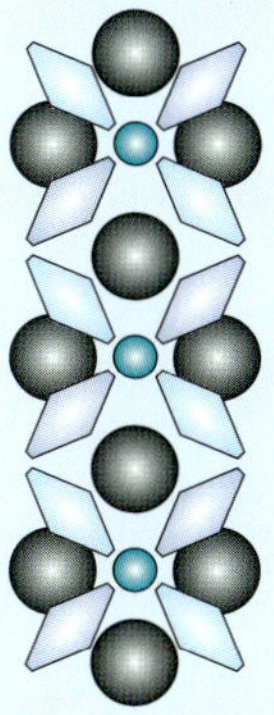

Ring in Grün und Transparent
(mit vier Blümchen)

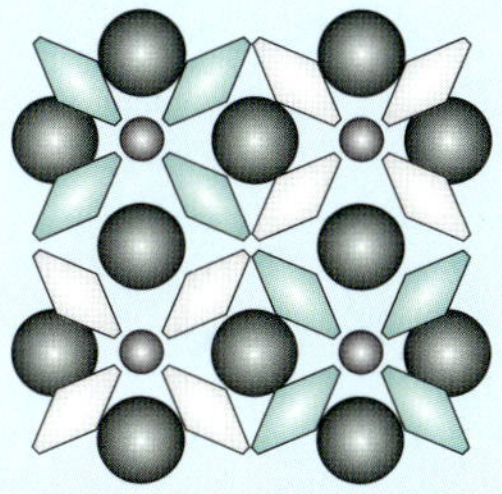

Ring in Transparent
(mit sechs Blümchen)

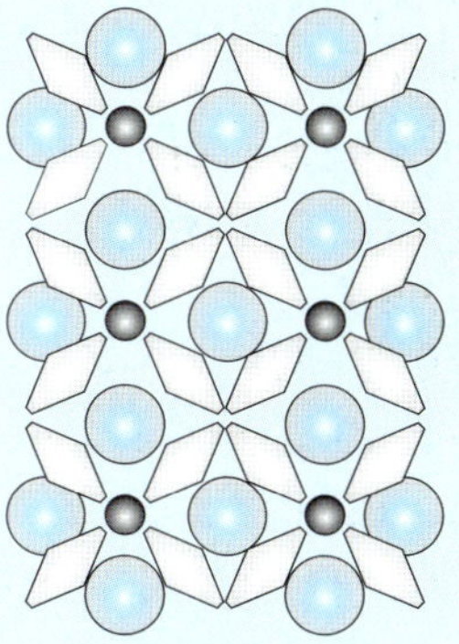

Ring in Türkis und Blau
(mit neun Blümchen)

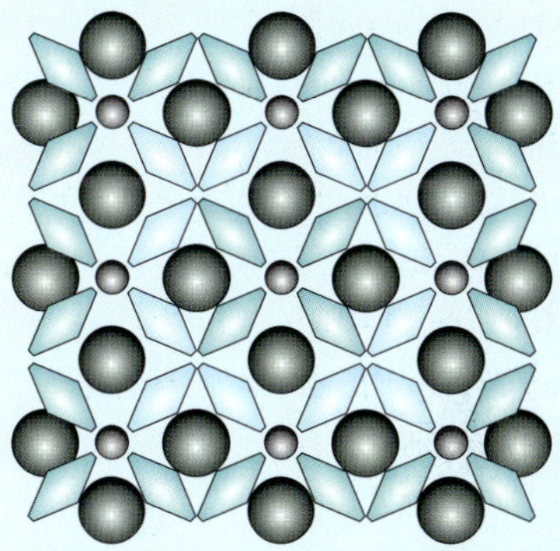

Anhänger in Orange und Oliv

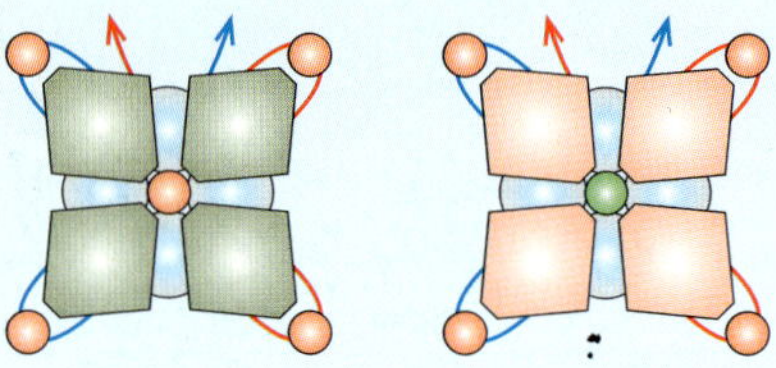

Anhänger in Grün und Violett

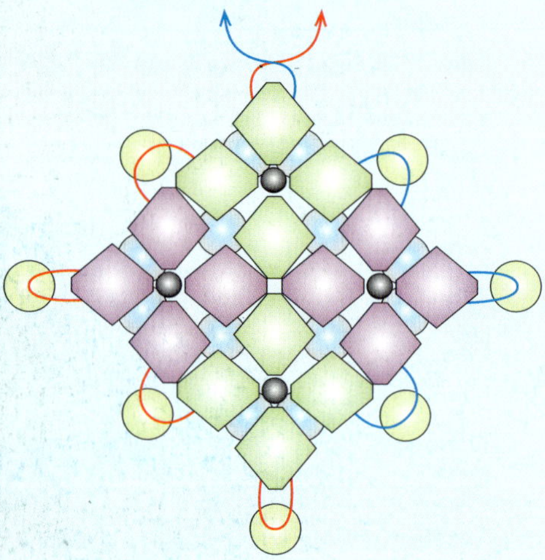

Anhänger in Blau

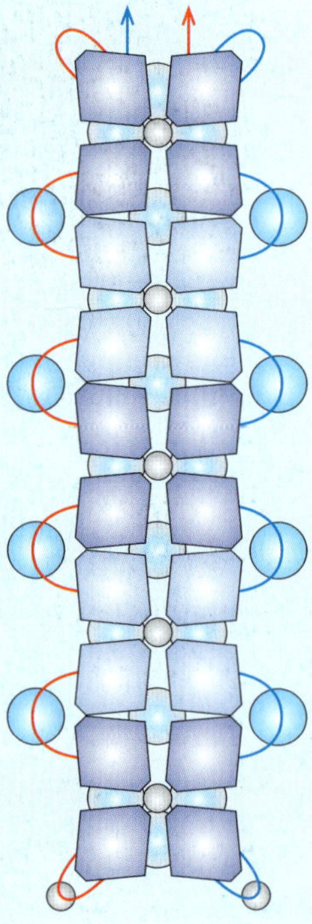

Blümchen-anhänger

→ vielseitig und variabel

1 Alle Anhänger werden im Blümchenmuster gearbeitet (siehe Seite 12).

2 Große Swarovski®-Perlen (ø 6 mm) verwenden, die Zwischenräume der seitlich liegenden Glasschliff-Perlen (ø 6 mm) mit Glasschliff-Perlen (ø 4 mm) bzw. bei den einzelnen Blümchen und an der Unterseite des blauen Anhängers mit Rocailles auffüllen. Die Arbeit gemäß der Anleitung auf Seite 6 abschließen.

3 Als Aufhängung die Ringel etwas auseinander biegen und in den fertigen Anhänger einhängen. Den Lederriemen durch sie ziehen, die Ringel schließen und dann den Verschluss (siehe Seite 7) anbringen.

MATERIAL ANHÄNGER IN ORANGE UND OLIV

- 12 Glasschliff-Perlen in Bergkristall, ø 6 mm
- 8 Swarovski®-Perlen in Oliv, ø 6 mm
- 4 Swarovski®-Perlen in Orangerot, ø 6 mm
- Rocailles in Orangerot, ø 2 mm
- Nylonfaden, ø 0,25 mm, 3 x ca. 50 cm lang
- 6 Ringel in Silber, oval, ø ca. 4 mm
- Lederriemen in Orange, ca. 60 cm lang
- Verschluss für Lederriemen in Silber

ANHÄNGER IN GRÜN UND VIOLETT

- 12 Glasschliff-Perlen in Bergkristall, ø 6 mm
- 7 Glasschliff-Perlen in Jaspis, ø 4 mm
- 8 Swarovski®-Perlen in Jade, ø 6 mm
- 8 Swarovski®-Perlen in Violett, ø 6 mm
- Rocailles in Schwarz gelüstert, ø 2 mm
- Nylonfaden, ø 0,25 mm, ca. 1 m lang
- Ringel in Silber, oval, ø ca. 4 mm
- Lederriemen in Grün, ca. 60 cm lang
- Verschluss für Lederriemen in Silber

ANHÄNGER IN BLAU

- 16 Glasschliff-Perlen in Bergkristall, ø 6 mm
- 8 Glasschliff-Perlen in Aquamarin, ø 4 mm
- 12 Swarovski®-Perlen in Nachtblau, ø 6 mm
- 12 Swarovski®-Perlen in Azurblau, ø 6 mm
- Rocailles in Silber, ø 2 mm
- Nylonfaden, ø 0,25 mm, ca. 1 m lang
- 2 Ringel in Silber, oval, ø ca. 4 mm
- Lederriemen in Hellblau, ca. 60 cm lang
- Verschluss für Lederriemen in Silber

MATERIAL RING IN ANTHRAZIT

- 4 Swarovski®-Perlen in Mondstein, ø 4 mm
- 6 Swarovski®-Perlen in Nachtblau, ø 4 mm
- 2 Swarovski®-Perlen in Schwarz, ø 4 mm
- 38-48 Glas-Wachsperlen in Anthrazit, ø 4 mm
- Nylonfaden, ø 0,25 mm, ca. 1 m lang

RING IN SILBERGRAU

- 4 Swarovski®-Perlen in Azurblau, ø 4 mm
- 6 Swarovski®-Perlen in Jade, ø 4 mm
- 2 Swarovski®-Perlen in Smaragd, ø 4 mm
- 38-48 Glas-Wachsperlen in Silbergrau, ø 4 mm
- Nylonfaden, ø 0,25 mm, ca. 1 m lang

Bandringe

→ schlicht und elegant

1 Die ersten vier Swarovski®-Perlen gemäß Abb. 1 aufnehmen, die Fäden durch die vierte kreuzen und die Arbeit in die Mitte des Fadens schieben. Die nächsten drei Swarovski®-Perlen aufnehmen und durch die dritte kreuzen. Auf die gleiche Art Glas-Wachsperlen so lange aufnehmen, bis der Ring passt. Den Ring schließen, indem der Faden durch die mit Pfeil markierte Perle gekreuzt wird (Abb. 1).

2 Gemäß Abb. 2 die zweite Reihe des Rings analog weiter arbeiten, dabei immer drei neue Perlen aufnehmen und ebenfalls durch Kreuzen an der mit Pfeil markierten Perle schließen. Fertigstellen, wie auf Seite 7 beschrieben.

Tipp: Das Loch der kleinen Glas-Wachsperlen ist manchmal etwas eng. Stechen Sie vor dem Auffädeln vorsichtig mit einer dünnen Nadel hindurch.

Abb. 1

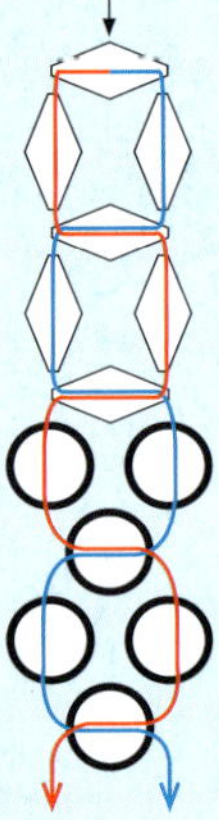

Abb. 2

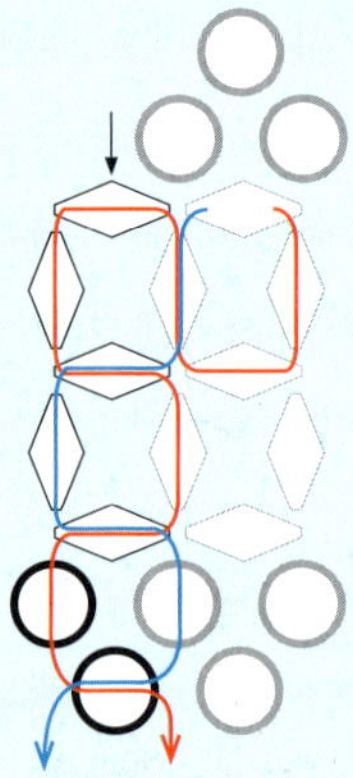

Ring in Anthrazit

Ring in Silbergrau

Klassische Perlen

→ modern interpretiert

MATERIAL

- 10 Glas-Wachsperlen in Weiß, ø 12 mm
- ca. 18-26 Glas-Wachsperlen in Weiß, ø 10 mm
- Swarovski®-Kristall-Herz, 10,3 mm x 10 mm
- Swarovski®-Kristall-Herz, 14,4 mm x 14 mm
- Swarovski®-Kristall-Blüte, ø 6 mm
- Swarovski®-Perle in Karamell, ø 4 mm
- Swarovski®-Perle in Karamell, ø 8 mm
- 4 Quetschperlen in Gold, ø 1,8 mm
- 2 Quetschkalotten in Gold, ø 4 mm
- Spaltring in Gold, ø 7 mm
- 2 ovale Ringel in Gold, ø 0,8 mm
- 2 Kettelstifte in Gold, 35 mm lang
- Perlen-Aufreihseide, ø 0,35 mm, 2 x 1,40 m lang
- Schmuckschließe in Gold, ø 1 cm

1 Die Kette von der Mitte nach außen arbeiten. Den Spaltring mittig auf einen Strang Aufreihseide fädeln. Über beide Fäden zusammen eine Quetschperle ziehen und diese nahe am Ring zusammendrücken. Dann gemäß der Anleitung auf Seite 6/7 den ersten Knoten machen und Perle für Perle mit dazwischen liegenden Knoten auffädeln. Mit fünf großen Perlen beginnen, dann die kleineren Perlen aufziehen.

2 Ist die gewünschte Anzahl an Perlen aufgezogen, nach dem letzten Knoten eine Quetschperle anbringen, dann wieder einen Knoten knüpfen. Den zweiten Strang genauso arbeiten und dann die Schmuckschließe anbringen (siehe Seite 6).

3 Die Anhänger gemäß Abbildung auf Kettelstifte ziehen. Zuletzt die Herzen vorsichtig in die mit einer Rundzange selber gebogene, große Öse fädeln. Die Anhänger durch vorsichtiges Auf- und Zubiegen der kleinen Öse in den Spaltring einhängen.

Tipp: **Der Spaltring erlaubt ein Wechseln der Anhänger. Sie können sich also viele verschiedene Anhänger kreieren und nach Lust und Laune variieren.**

Abb. 1

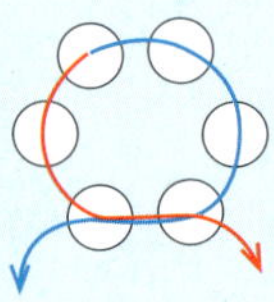

Abb. 2

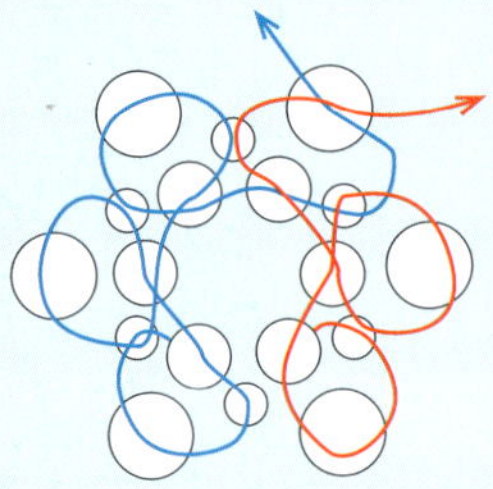

Abb. 3

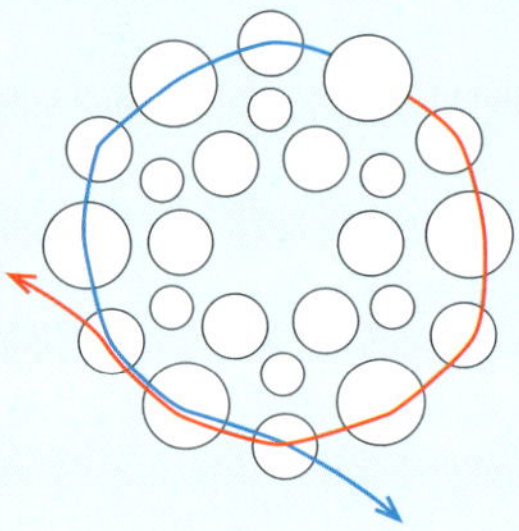

Abb. 4

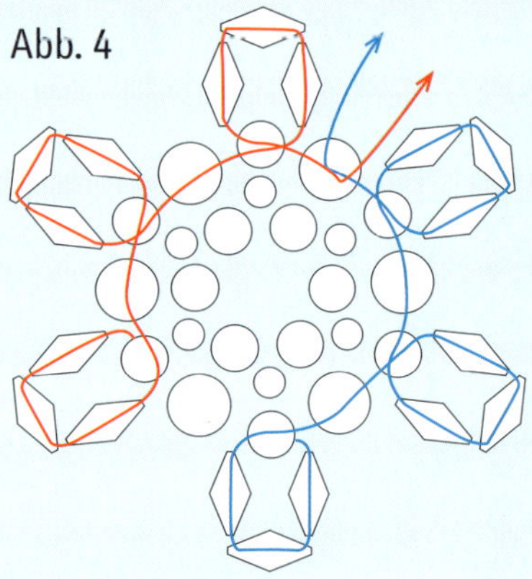

Sternringe

→ extravagant

Die Ringe von innen nach außen arbeiten. Den Faden kräftig anziehen, späteres Anziehen ist durch die kreisförmige Fädelung sehr schwierig.

1 Sechs Glasschliff-Perlen in Smaragd oder Rubin auffädeln und durch zwei Perlen kreuzen. Die Arbeit in die Mitte des Fadens schieben (Abb. 1).

2 Mit einem Faden gegen, mit dem anderen im Uhrzeigersinn fädeln. Dabei Rocailles und Glasschliff-Perlen (ø 4 mm) aufnehmen (Abb. 2).

3 In die Zwischenräume der eben aufgenommenen Glasschliff-Perlen kleinere Glasschliff-Perlen (ø 3 mm) aufnehmen (Abb. 3).

4 Die Swarovski®-Perlen aufnehmen (Abb. 4). Die äußeren Ecken aus Swarovski®-Perlen aus Stabilitätsgründen nochmals zurückfädeln. Dann die Fäden durch beliebige Perlen so zurückführen, dass von einer roten bzw. smaragdfarbenen Glasschliffperle (ø 3 mm) ausgehend die Ringschiene (siehe Seite 8) gearbeitet werden kann.

Tipp: Dieses Fädelmuster wiederholt sich in Form eines Anhängers auf Seite 23. Es wird dort als einfach eingestuft, da die Perlen größer sind und das Fädeln dadurch einfacher ist.

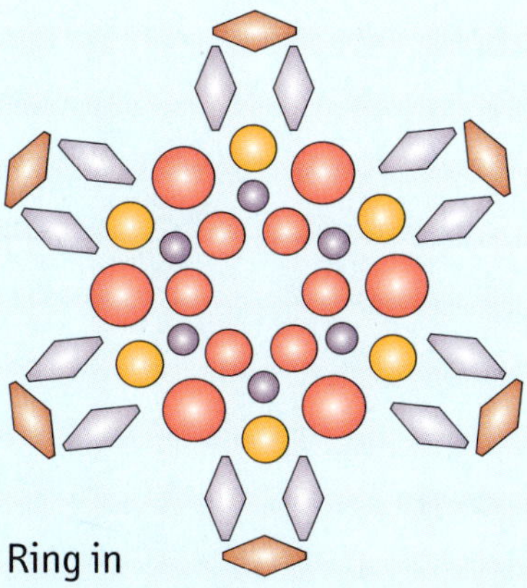

Ring in Rottönen

Ring in Grüntönen

MATERIAL RING IN ROTTÖNEN

- 12 Swarovski®-Perlen in Amethyst, ø 4 mm
- 6 Swarovski®-Perlen in Klassikrot, ø 4 mm
- 6 Glasschliff-Perlen in Rubin, ø 4 mm
- 6 Glasschliff-Perlen in Rubin, ø 3 mm
- 6 Glasschliff-Perlen in Topas, ø 3 mm
- Rocailles in Orangerot, ø 2 mm
- Nylonfaden, ø 0,25 mm, ca. 1,20 m lang

RING IN GRÜNTÖNEN

- 12 Swarovski®-Perlen in Jade, ø 4 mm
- 6 Swarovski®-Perlen in Rosa Chiffon, ø 4 mm
- 6 Glasschliff-Perlen in Smaragd, ø 4 mm
- 6 Glasschliff-Perlen in Smaragd, ø 3 mm
- 6 Glasschliff-Perlen in Rosa, ø 3 mm
- Rocailles in Orangerot, ø 2 mm
- Nylonfaden, ø 0,25 mm, ca. 1,20 m lang

Sternanhänger

→ zauberhaft

1 Die Anhänger gemäß der Anleitung für die Sternringe auf Seite 20/21 fädeln. Zum Aufhängen zwei Ringel aufbiegen und gemäß der Abbildung neben einer Swarovski®-Perle am Nylonfaden anbringen. Einen Haken in die Ringel einhängen, dann diese wieder zubiegen. Den Haken auf den Lederriemen ziehen und durch Zubiegen fixieren.

2 Den Lederriemen mit einem Knoten im Nacken schließen.

Tipp: Haken bekommen Sie im Handarbeitsgeschäft und im Bastelfachhandel.

MATERIAL

ANHÄNGER IN GRÜNTÖNEN

- 12 Swarovski®-Perlen in Meergrün, ø 6 mm
- 6 Swarovski®-Perlen in Rosa Chiffon, ø 6 mm
- 6 Glasschliff-Perlen in Smaragd, ø 6 mm
- 6 Glasschliff-Perlen in Smaragd, ø 4 mm
- 6 Glasschliff-Perlen in Amethyst, ø 4 mm
- 6 Glasschliff-Perlen in Amethyst, ø 3 mm
- 2 Ringel in Silber, oval, ø ca. 4 mm
- Haken in Silber
- Lederriemen in Beige, ca. 60 cm lang
- Nylonfaden, ø 0,25 mm, ca. 1,20 m lang

ANHÄNGER IN ROTTÖNEN

- 12 Swarovski®-Perlen in Amethyst, ø 6 mm
- 6 Swarovski®-Perlen in Granat, ø 6 mm
- 6 Glasschliff-Perlen in Rubin, ø 6 mm
- 6 Glasschliff-Perlen in Rubin, ø 4 mm
- 6 Glasschliff-Perlen in Topas, ø 4 mm
- 6 Glasschliff-Perlen in Amethyst, ø 3 mm
- 2 Ringel in Silber, oval, ø ca. 4 mm
- Haken in Silber
- Lederriemen in Lila, ca. 60 cm lang
- Nylonfaden, ø 0,25 mm, ca. 1,20 m lang

Anhänger in Grüntönen

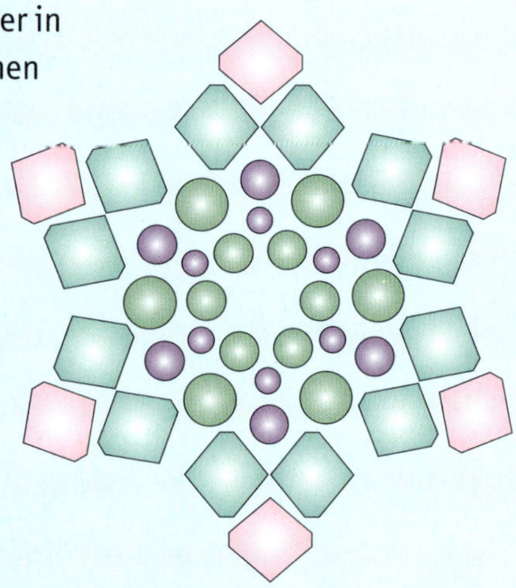

Anhänger in Rottönen

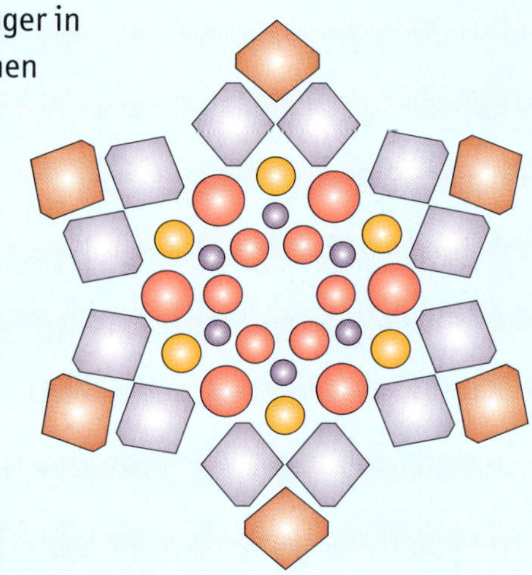

Schlichte Ringe

→ einfach und effektvoll

MATERIAL RING IN ROSA, VIOLETT UND GRÜN

- Swarovski®-Perle in Rosa Chiffon, ø 6 mm
- 4 Swarovski®-Perlen in Meergrün, ø 4 mm
- 10 Glasschliff-Perlen in Amethyst, ø 4 mm (+ ca. 6-8 zusätzlich für Ringschiene)
- Rocailles in Schwarz gelüstert, ø 2 mm
- Nylonfaden, ø 0,25 mm, ca. 1 m lang

RING IN BLAUTÖNEN

- Swarovski®-Perle in Ind. Türkis, ø 6 mm
- 4 Swarovski®-Perlen in Nachtblau, ø 4 mm
- 10 Glasschliff-Perlen in Jaspis, ø 4 mm (+ ca. 6-8 zusätzlich für Ringschiene)
- Rocailles in Schwarz gelüstert, ø 2 mm
- Nylonfaden, ø 0,25 mm, ca. 1 m lang

RING IN ROSA UND HELLGRÜN

- Swarovski®-Perle in Rosa Chiffon, ø 6 mm
- 4 Swarovski®-Perlen in Rosa Chiffon, ø 4 mm
- 10 Glasschliff-Perlen in Smaragd, ø 4 mm (+ ca. 6-8 zusätzlich für Ringschiene)
- Rocailles in Silber, ø 2 mm
- Nylonfaden, ø 0,25 mm, ca. 1 m lang

1 Vier Glasschliff-Perlen aufnehmen, durch die vierte kreuzen und in die Mitte des Fadens schieben. Drei Perlen aufnehmen, durch die dritte kreuzen, diesen Schritt nochmals wiederholen (Abb. 1). Dann auf jeden Faden eine Rocaille und eine Swarovski®-Perle (ø 4 mm) aufnehmen. Auf beide Fäden eine Rocaille, eine Swarovski®-Perle (ø 6 mm) und eine Rocaille aufnehmen. Die Fäden wieder trennen, auf jeden eine Swarovski®-Perle (ø 4 mm) und eine Rocaille aufnehmen. Dann die Fäden durch die mit Pfeil markierte Glasschliff-Perle kreuzen (Abb. 1).

2 Das angedeutete Muster der Ringschiene so lange fortführen, bis der Ring passt. Den Ring schließen, indem durch die in Abb. 2 mit Pfeil markierte Perle gekreuzt wird. Dann den Ring fertig stellen (siehe Seite 7).

Abb. 1

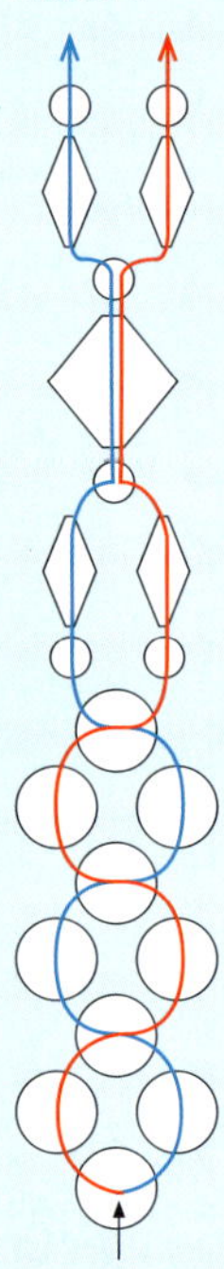

Abb. 2

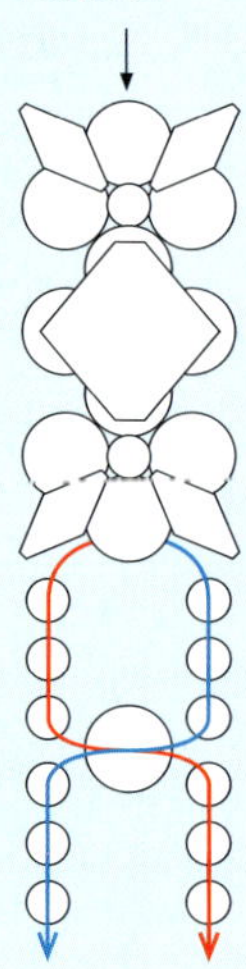

Ring in Rosa, Violett und Grün

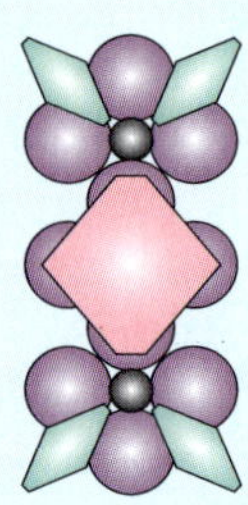

Ring in Blautönen

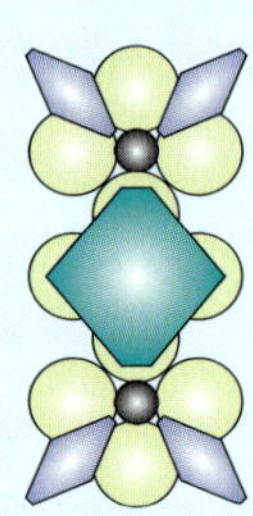

Ring in Rosa und Hellgrün

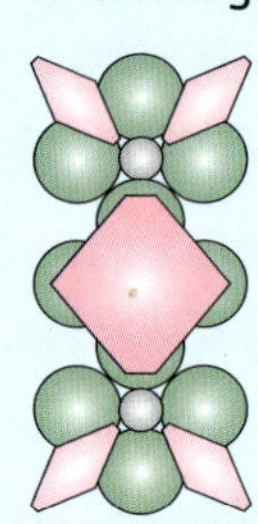

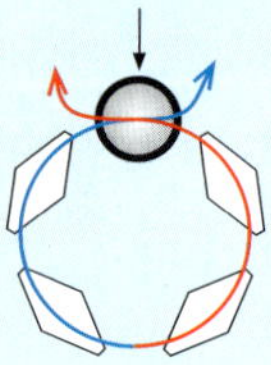

Abb. 1

Abb. 2

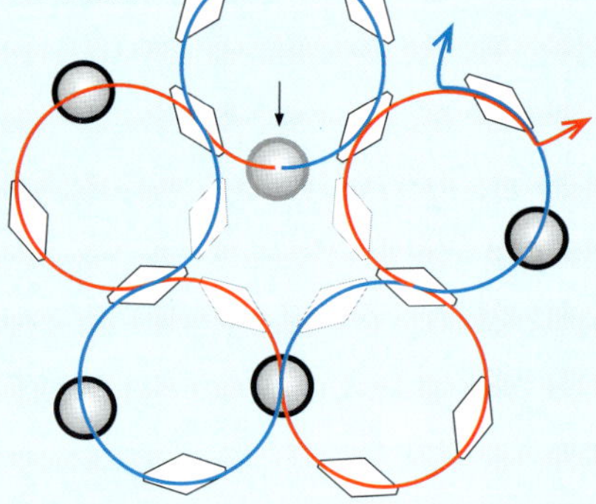

Abb. 3

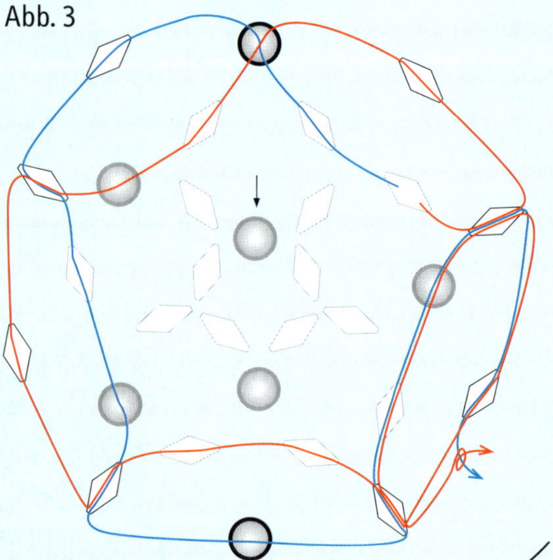

Kette mit Kugeln

→ ungewöhnlicher Blickfang

1 Jede Kugel besteht aus 23 Swarovski®-Perlen und sieben Glas-Wachsperlen. Vier Swarovski® Perlen und eine Glas-Wachsperle gemäß Abb. 1 auf einen Nylonfaden aufnehmen. Durch die Glas-Wachsperle kreuzen, dann die Arbeit in die Mitte des Fadens ziehen.

2 Bei mäßiger Fadenspannung weitere Perlen aufnehmen und gemäß Abb. 2 und 3 weiterfädeln. Die Pfeile sollen als Orientierungshilfe dienen. Dann die Fäden wie auf Seite 7 beschrieben verknoten und verweben. Die zweite Kugel genauso arbeiten.

3 Die Kugeln an je einem 40 cm bzw. 43 cm langen Stück Schmuckdraht befestigen. Dazu auf das Drahtende eine Quetschperle aufnehmen und dieses durch eine einzelne Swarovski®-Perle der Kugel ziehen. Zur Schlaufe legen, durch die Quetschperle zurückführen und zusammendrücken. Einen Swarovski®-Kristall-Würfel und eine Quetschperle aufziehen und auch diese fixieren.

4 Mit einer Quetschperle beide Drähte gemäß Abbildung auf einer Höhe von 8 bzw. 5 cm zusammenfassen. Eine Swarovski®-Perle in Smaragd, den X-Würfel, eine weitere Swarovski®-Perle in Smaragd und eine Quetschperle aufnehmen, diese fixieren.

5 Die Drähte trennen, weitere Swarovski®-Perlen und Quetschperlen gemäß Abbildung aufnehmen und fixieren. Dann den Verschluss anbringen (siehe Seite 6).

MATERIAL

- 27 Swarovski®-Perlen in Jade, ø 4 mm
- 27 Swarovski®-Perlen in Smaragd, ø 4 mm
- 14 Glas-Wachsperlen in Silbergrau, ø 4 mm
- 2 Swarovski®-Kristall-Würfel, 3 mm x 3 mm
- Swarovski®-Kristall-X-Würfel, 6 mm x 6 mm
- 20 Quetschperlen in Silber, ø 1,8 mm
- 2 Quetschkalotten in Silber, ø 4 mm
- Schmuckdraht in Silber, ø 0,4 mm, 40 cm und 43 cm lang
- Nylonfaden, ø 0,25 mm, 2 x ca. 50 cm lang

Abb. 1

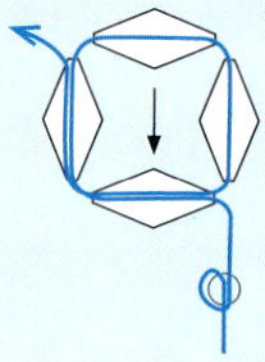

Abb. 2

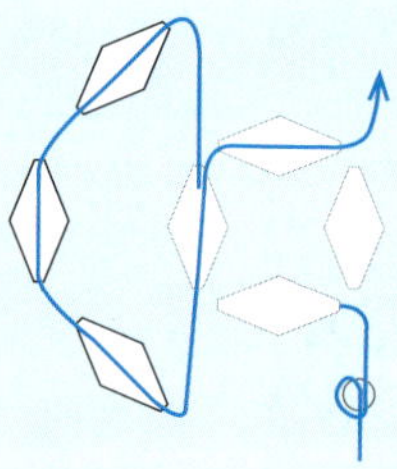

Abb. 3

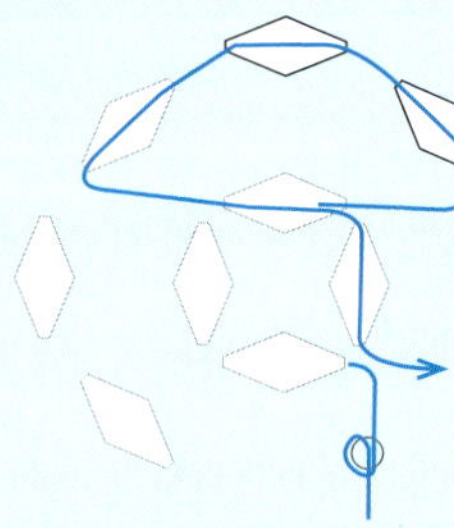

Abb. 4

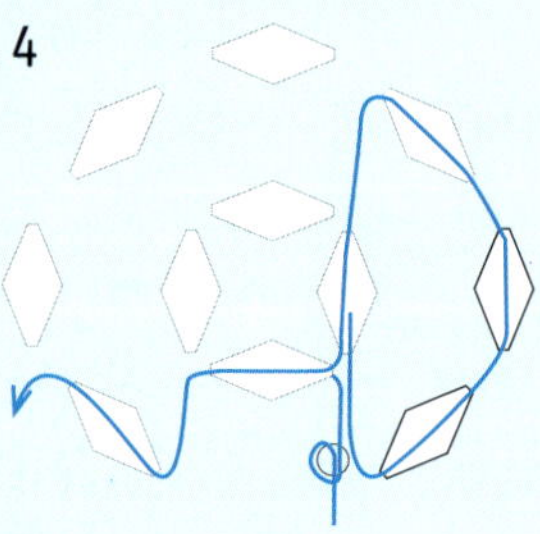

Abb. 5

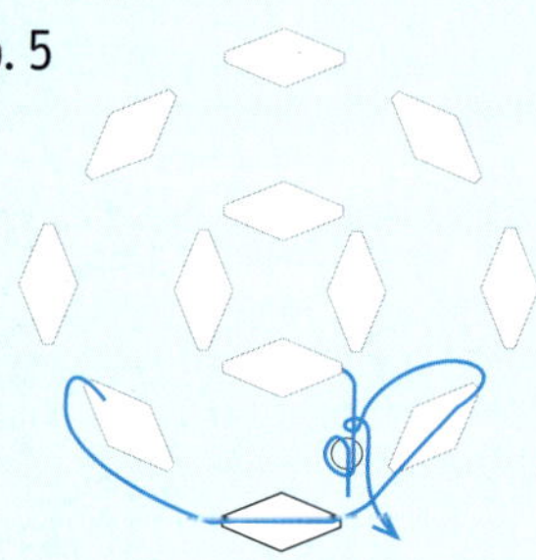

Prächtiges Collier

→ mit großer, dreifarbiger Kugel

1 Für die Kugel die Stopperperle aufnehmen und in die Mitte des Fadens schieben. Ein Fadenende in die Gegenrichtung nochmals durchziehen, damit ist der Arbeitsfaden gesichert. Diese Perle wird später entfernt.

2 Eine Swarovski®-Perle in Rosa, eine in Mondstein, eine in Jade und eine in Mondstein auffädeln und zum Kreis schließen. Dazu den Faden durch die beiden ersten Perlen kreuzen (Abb. 1).

3 Eine Swarovski®-Perle in Rosa, eine in Mondstein und eine in Jade aufnehmen und durch die Perle der ersten Reihe fädeln, aus der der Arbeitsfaden gerade herauskommt. Danach durch die zweite Perle der ersten Reihe fädeln (Abb. 2).

4 Eine Swarovski®-Perle in Rosa und eine in Jade aufnehmen und durch die erste Perle der zweiten Reihe und durch die nächste und die darauf folgende Perle der ersten Reihe fädeln (Abb. 3).

5 Eine Swarovski®-Perle in Jade und eine in Mondstein aufnehmen und durch die erste Perle der dritten Reihe und durch die nächste und darauf folgende Perle der ersten Reihe fädeln (Abb. 4).

6 Den Faden weiter durch die dritte Perle (jade) der ersten Reihe fädeln. Dann eine rosa Swarovski®-Perle aufnehmen und durch die erste Perle der vierten Reihe (jade) ziehen (Abb. 5).

7 Jetzt die Stopperperle entfernen und den Faden mit Gefühl fest anziehen, damit sich die Arbeit zur Kugel formt. Vorsicht, dass der Faden nicht reißt! Den Faden zweimal miteinander verknoten und dann wieder trennen.

8 Einen Faden im Muster so weiterfädeln, dass er genau auf der gegenüberliegenden Seite des anderen Fadens aus der Kugel austritt.

9 Die Perlen für die Kette auf diese austretenden Fäden gemäß der Abbildung abwechselnd aufziehen und dann wie auf Seite 6 beschrieben den Verschluss anbringen.

MATERIAL KUGEL

- 4 Swarovski®-Perlen in Mondstein, ø 6 mm
- 4 Swarovski®-Perlen in Rosa Chiffon, ø 6 mm
- 4 Swarovski®-Perlen in Jade, ø 6 mm
- Nylonfaden, ø 0,25 mm, ca. 1 m lang
- eine beliebige kleine Perle als Stopper (z. B. Rocaille)

KETTE

- 18 Glas-Wachsperlen in Jade, ø 12 mm
- 20 Glas-Wachsperlen in Puderrosa, ø 6 mm
- 2 Quetschperlen in Silber, ø 1,8 mm
- 2 Quetschkalotten in Silber, ø 4 mm
- 2 Ringel in Silber, oval, ø 0,8 mm
- Kettenverschluss in Silber, ø 1 cm

Abb. 1

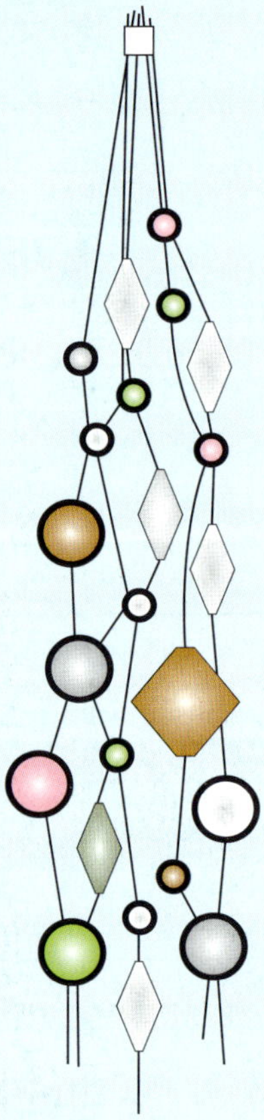

Abb. 2

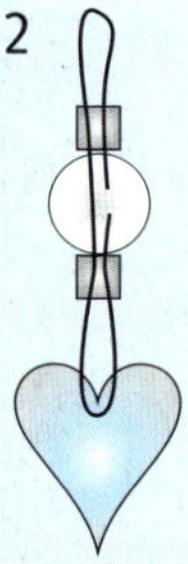

Wertvolles Ensemble

→ Collier und Armband

1 Für das Collier und für das Armband fünf Schmuckdrähte mit einer Quetschperle am Ende zusammenfassen und durch kräftiges Zusammendrücken fixieren.

2 Die Perlen ganz nach Wunsch auf die Drähte fädeln, dabei immer wieder zwei Drähte durch eine Perle führen, um einen lockeren Verband zu erhalten (Abb. 1).

3 Beim Collier zuerst kleine, dann zunehmend immer größere Perlen verwenden. Diese bilden die Mitte des Colliers. Nach und nach die Größe wieder verringern und wieder kleine Perlen verwenden.

4 Zum Schluss die Schmuckdrähte mit einer Quetschperle zusammenfassen und mithilfe von Quetschkalotten und Ringel gemäß der Anleitung auf Seite 6 die Schmuckschließe anbringen.

5 Den Anhänger für das Armband auf das 10 cm lange Stück Schmuckdraht fädeln (Abb. 2) und vor dem Zusammendrücken der Quetschperle in den Ringel an der Schließe einhängen. Überstehenden Draht möglichst vor dem Zuammendrücken der Quetschperlen so kürzen, dass die Enden in der runden Swarovski®-Kristall-Perle liegen.

Hinweis: In dieser Materialliste wird nicht die genaue Anzahl der einzelnen Perlen angegeben. Innerhalb einer Größe können Sie die Farben frei wählen.

Tipp: Bei diesem Collier sitzt die schöne Schmuckschließe seitlich.

MATERIAL COLLIER

- 22 Swarovski®-Perlen in Mondstein, Rauch Topas, Olive und Karamell, ø 4 mm
- 13 Swarovski®-Perlen in Mondstein, Rauch Topas, Olive und Karamell, ø 6 mm
- 6 Swarovski®-Perlen in Mondstein, Rauch Topas, Olive und Karamell, ø 8 mm
- 47 Glas-Wachsperlen in Puderrosa, Kaschmir, Jade und Silbergrau, ø 4 mm
- 16 Glas-Wachsperlen in Puderrosa, Kaschmir, Jade und Silbergrau, ø 6 mm
- 10 Glas-Wachsperlen in Puderrosa, Kaschmir, Jade und Silbergrau, ø 8 mm
- 9 Glas-Wachsperlen in Puderrosa, Kaschmir, Jade und Silbergrau, ø 10 mm
- 6 Glas Wachsperlen in Puderrosa, Kaschmir, Jade und Silbergrau, ø 12 mm
- 2 Quetschperlen in Silber, ø 1,8 mm
- 2 Quetschkalotten in Silber, ø 4 mm

- 2 Ringel in Silber, oval, ø 0,8 mm
- herzförmige Schmuckschließe in Silber, 2 cm breit
- Schmuckdraht in Silber, ø 0,4 mm, 5 x ca. 50 cm lang

ARMBAND

- 30 Glas-Wachsperlen in Weiß, Puderrosa, Kaschmir, Jade und Silbergrau, ø 4 mm
- 18 Glas-Wachsperlen in Weiß, Puderrosa, Jade und Silbergrau, ø 6 mm
- runde Swarovski®-Kristall-Perle, ø 6 mm
- Swarovski®-Kristall-Herz, 14,4 mm x 14 mm
- 3 Quetschperlen in Silber, ø 1,8 mm
- 2 Quetschkalotten in Silber, ø 4 mm
- 2 Ringel in Silber, oval, ø 0,8 mm
- runde Schmuckschließe in Silber, ø 1 cm
- Schmuckdraht in Silber, ø 0,4 mm, 5 x ca. 25 cm lang und 1 x 10 cm lang

MATERIAL KETTE MIT ZWEI ANHÄNGERN

- 8 Swarovski®-Perlen in Mondstein, ø 6 mm
- 10 Swarovski®-Perlen in Mondstein, ø 4 mm
- Rocailles in Schwarz gelüstert, ø 2 mm
- Schmuckdraht in Silber, ø 0,4 mm, ca. 70 cm lang
- 5 Quetschperlen in Silber, ø 1,8 mm
- Nylonfaden, ø 0,25 mm, 2 x 80 cm lang
- Verschluss in Silber

V-FÖRMIGE KETTE

- 28 Swarovski®-Perlen in Meergrün, ø 4 mm
- 110 Glasschliff-Perlen in Onyx, ø 4 mm
- Rocailles in Schwarz gelüstert, ø 2 mm
- 4 Quetschperlen in Silber, ø 1,8 mm
- Nylonfaden, ø 0,25 mm, ca. 2 m lang
- Verschluss in Silber

Ketten

→ raffiniert und edel

Kette mit zwei Anhängern

Vorder- und Rückseite der Anhänger sind identisch.

1 Vier Rocailles und vier Swarovski®-Perlen (ø 6 mm) im Wechsel aufnehmen, in die Mitte des Fadens legen und durch die mit Pfeil 2 markierte Swarovski®-Perle kreuzen.

2 Für die Vorderseite auf jedes Fadenende je zwei Rocailles aufnehmen, die Fäden anschließend gemeinsam durch eine Swarovski®-Perle (ø 4 mm) führen und danach nochmals auf jedes Fadenende zwei Rocailles aufnehmen. Die Fäden durch die mit Pfeil 1 markierte Swarovski®-Perle kreuzen.

3 Für die Rückseite nochmals wie unter 2. beschrieben Rocailles und Swarovski®-Perlen aufnehmen und diese auf die Rückseite des Anhängers klappen. Durch die mit Pfeil 2 markierte Perle kreuzen.

4 Den zweiten Anhänger genauso arbeiten, dann die Fäden unauffällig verknoten. Die Anhänger am Schmuckdraht befestigen. Dazu ein Drahtende durch eine Swarovski®-Perle ziehen, zur Schlaufe legen und diese mit einer Quetschperle fixieren. Drei Swarovski®-Perlen (ø 4 mm) auffädeln. Mit einer Quetschperle die beiden Drähte gemäß der Abbildung zusammenfassen, dann den Verschluss anbringen.

V-förmige Kette

1 Diese Kette wird anhand der Anleitung auf Seite 13 und mithilfe der nebenstehenden Skizze gearbeitet.

2 Für die Kette durch die an den oberen Kanten liegenden Glasschliff-Perlen jeweils einen Faden ziehen und mittig legen. Auf diesen doppelt genommenen Nylonfaden eine Quetschperle ziehen und nahe an der Glasschliff-Perle zusammendrücken. So viele Glasschliff-Perlen aufnehmen, bis die gewünschte Länge erreicht ist. Den Verschluss gemäß der Anleitung auf Seite 6 anbringen.

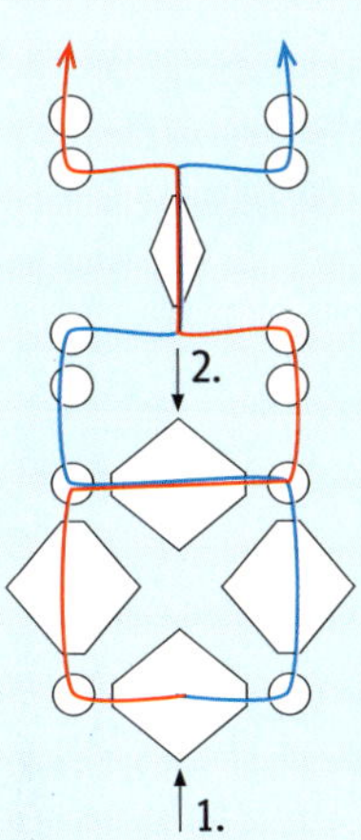

Kette mit zwei Anhängern

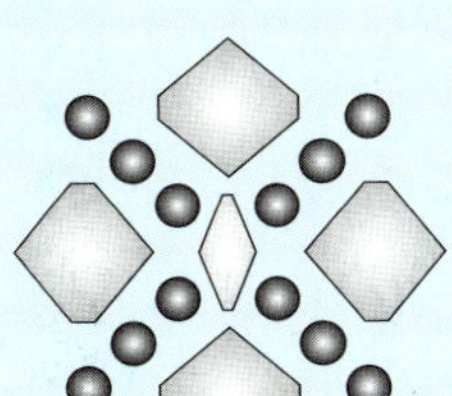

V-förmige Kette

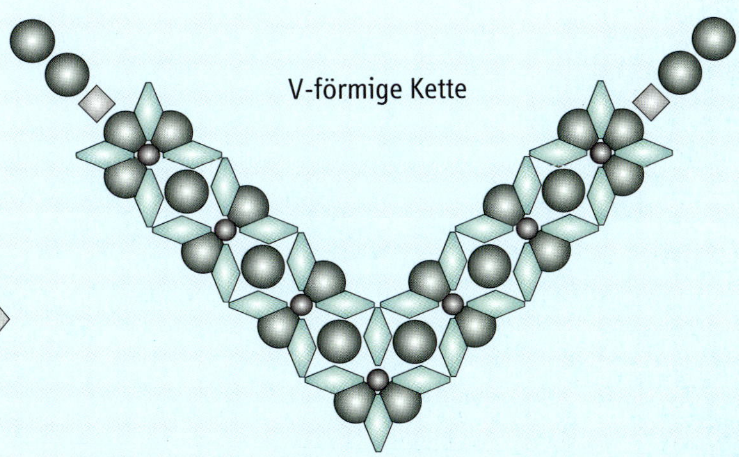

MATERIAL

- 28 Swarovski®-Perlen in Granat, ø 4 mm
- 22 Glasschliff-Perlen in Onyx, ø 4 mm
- 21 Rocailles in Schwarz gelüstert, ø 2 mm
- Nylonfaden, ø 0,25 mm, ca. 1 m lang
- Schmuckdraht in Gold, ø 0,4 mm, ca. 50 cm lang
- Verschluss in Gold

Kreuzanhänger

→ ganz modisch

1 Das Kreuz gemäß der allgemeinen Anleitung auf Seite 13 und der nebenstehenden Skizze arbeiten.

2 Unten am Kreuz mit Fädeln beginnen. Nachdem die Blüte der Kreuzmitte fertig gestellt ist, die linke und dann über die Unterseite der Kreuzmitte die rechte Strebe arbeiten, danach die Spitze. Die Fäden verknoten. Den Schmuckdraht direkt durch die an der Kreuzspitze sitzenden Glasschliff-Perlen fädeln und dann gemäß der Anleitung auf Seite 6 den Verschluss anbringen.

Tipp: Durch die Glasschliff-Perlen in der Mitte des Kreuzes wird sehr oft gefädelt. Dies ist mit Nylonfaden, ø 0,25 mm, gerade noch möglich, jedoch sehr mühsam. Sie können auch einen etwas dünneren Faden (ø 0,15 mm) verwenden.

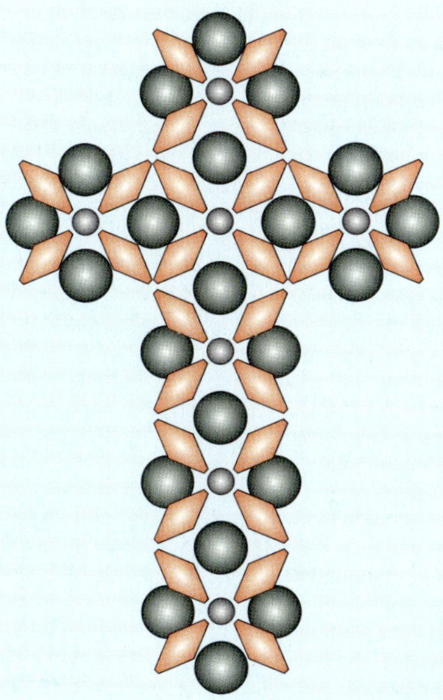

Colliers

→ schlicht und schön

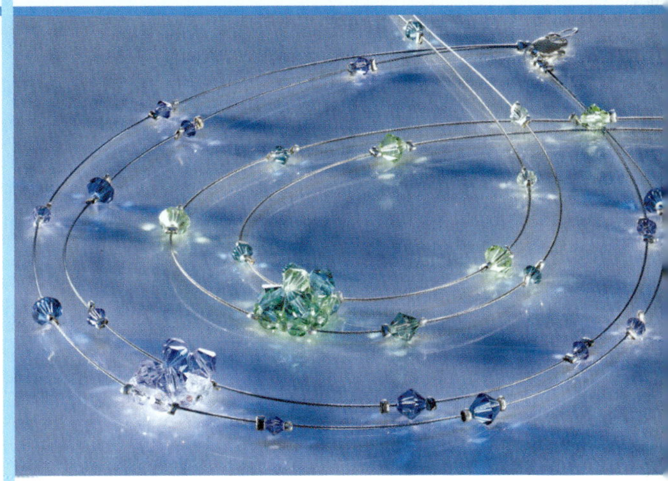

1 Die Unterseite für den Anhänger aus 12 Glasschliff-Perlen (ø 4 mm) arbeiten. Nach dem ersten Kreuzen die Arbeit in die Mitte des Fadens schieben und gemäß Abb. 1 weiterfädeln.

2 In jede zweite Lücke zwischen den seitlichen Glasschliff-Perlen Rocailles fädeln (Abb. 2).

3 Für die Oberseite auf jedes Fadenende eine Swarovski®-Perle (6 mm) aufnehmen, dann beide Fäden durch eine weitere Swarovski®-Perle (ø 6 mm) führen (Abb. 3).

4 Die Fäden wieder trennen und jeweils eine weitere Swarovski®-Perle (ø 6 mm) aufnehmen. Die Oberseite gemäß Abb. 3 durch Kreuzen mit der Unterseite (hier mehrere Perlen) verbinden. Die Arbeit wie auf Seite 7 beschrieben fertig stellen.

5 Den Schmuckdraht für die Kette so teilen, dass der untere, halsferne Draht ca. 2 cm län-

ger ist als der halsnahe, obere. Das Mittelstück auf beide Drähte aufziehen. Dazu den Draht durch die oben bzw. unten liegenden Perlen (Glasschliff – Rocaille – Glasschliff) fädeln und mit Quetschperlen fixieren.

6 Die übrigen Swarovski®-Perlen gemäß der Abbildung mit Quetschperlen anbringen. Auf einer Seite die beiden Drahtenden gemeinsam zu kleinen Schlaufen legen und diese mit Quetschperlen fixieren. Auf der anderen Seite beide Drahtenden zusammennehmen und mithilfe von Quetschperlen den Verschluss anbringen (siehe Seite 6).

Tipp: Verknoten bzw. verweben Sie die Fäden möglichst in den mittig liegenden Glasschliff-Perlen, sonst lässt sich der Schmuckdraht zum Aufhängen schwer durch die seitlich liegenden Perlen fädeln.

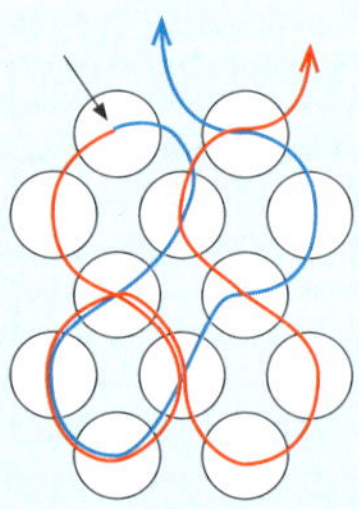

Abb. 1

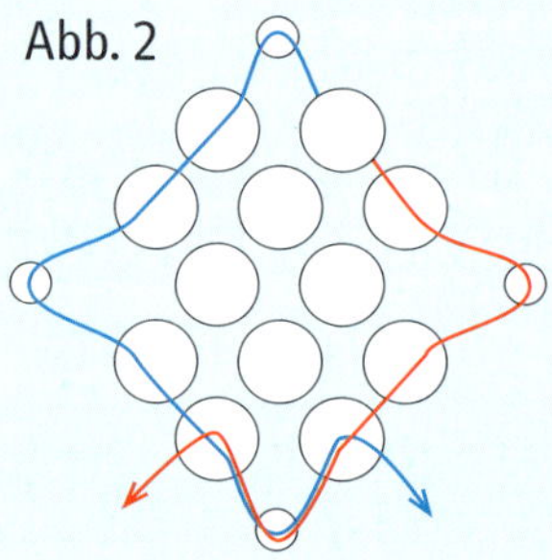

Abb. 2

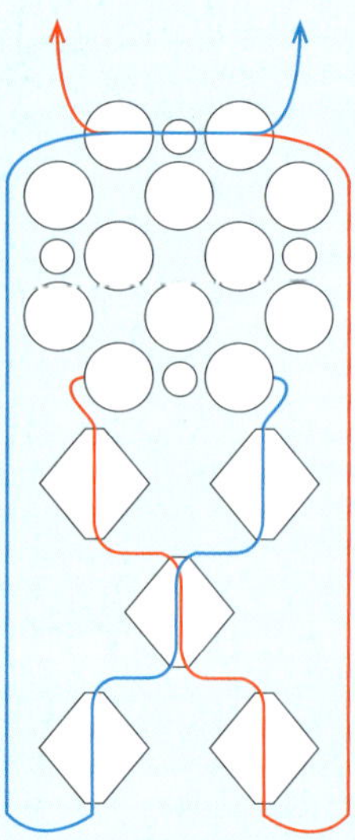

Abb. 3

Collier in Blau

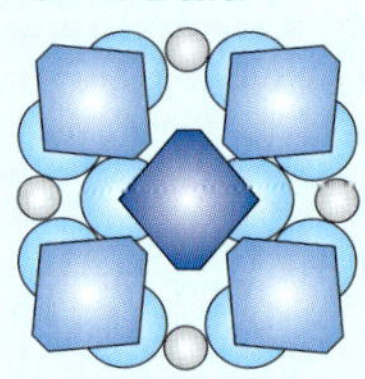

Collier in Grün

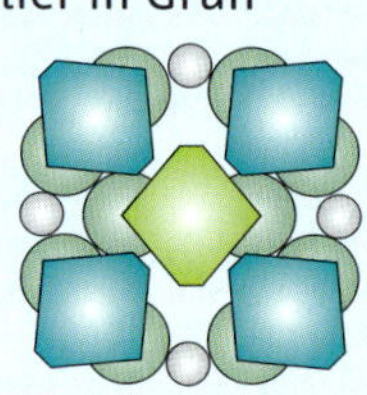

MATERIAL COLLIER IN GRÜN

- 7 Swarovski®-Perlen in Ind. Türkis, ø 6 mm
- 4 Swarovski®-Perlen in Jade, ø 6 mm
- 3 Swarovski®-Perlen in Ind. Türkis, ø 4 mm
- 4 Swarovski®-Perlen in Jade, ø 4 mm

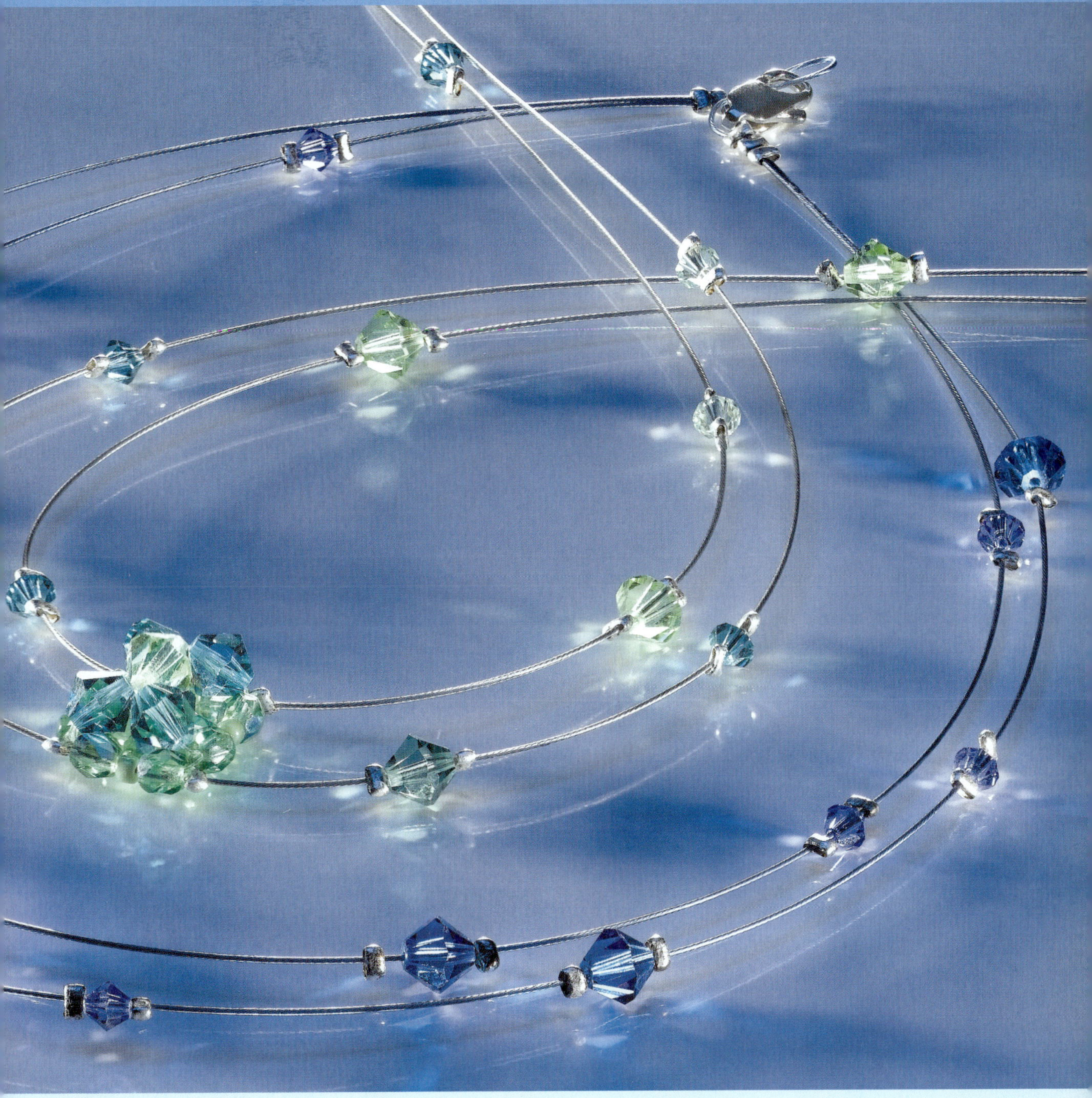

- 12 Glasschliff-Perlen in Smaragd, ø 4 mm
- Rocailles in Silber, ø 2 mm
- Schmuckdraht in Silber, ø 0,4 mm, ca. 1,20 m lang
- 32 Quetschperlen

COLLIER IN BLAU

- 7 Swarovski®-Perlen in Azurblau, ø 6 mm
- 4 Swarovski®-Perlen in Nachtblau, ø 6 mm
- 3 Swarovski®-Perlen in Azurblau, ø 4 mm
- 4 Swarovski®-Perlen in Nachtblau, ø 4 mm
- 12 Glasschliff-Perlen in Aquamarin, ø 4 mm
- Rocailles in Silber, ø 2 mm
- Schmuckdraht in Dunkelblau, ø 0,4 mm, ca. 1,20 m lang
- 32 Quetschperlen in Silber, ø 1,8 mm
- Verschluss in Silber
- Nylonfaden, ø 0,25 mm, ca. 1 m lang

MATERIAL

- 12 Swarovski®-Perlen in Mondstein, ø 8 mm
- 16 Swarovski®-Perlen in Amethyst, ø 6 mm
- 4 Swarovski®-Perlen in Smaragd, ø 6 mm
- 4 Glas-Wachsperlen in Weiß, ø 4 mm
- Swarovski®-Kristall-Perltropfen, 10 mm x 7 mm
- Verbinder in Silber, ø 2 mm
- Nylonfaden, ø 0,25 mm, ca. 1 m lang
- Satinband in Rosa, 6 mm breit, ca. 1 m lang

Großer Kugelanhänger

→ mit hübschem Blütenmuster

1 Die Kugel aus den mondsteinfarbenen Swarovski®-Perlen gemäß der Anleitung auf Seite 26 einfarbig anfertigen.

2 Nach dem Anziehen und Verknoten die Fäden im Muster weiterführen und durch eine beliebige Perle kreuzen. Von dieser Perle ausgehend die Unterseite der Kugel arbeiten.

3 Dafür auf jedes Fadenende eine Swarovski®-Perle in Amethyst aufnehmen und durch den Swarovski®-Kristall-Perltropfen kreuzen. Nochmals auf jeden Faden eine Swarovski®-Perle in Amethyst aufnehmen und durch die mit Pfeil in Abb. 1 markierte Swarovski® Perle kreuzen (Abb. 2).

4 Diese Swarovski®-Perle ist Ausgangsposition für die nächste, seitlich sitzende Blüte. Sie wird genauso gearbeitet, nur wird als Mittelpunkt statt des Perltropfens eine Glas-Wachsperle verwendet. Für die Oberseite der Kugel wird ein Verbinder als Mittelpunkt eingearbeitet und für die nächste, seitlich sitzende Blüte wiederum eine Glas-Wachsperle.

5 Jetzt die zwei smaragdfarbenen Blüten arbeiten. Dazu die Fädelrichtung wechseln (Abb. 3). Die Blüte auf Abb. 3 ist die zuletzt gearbeitete amethystfarbene.

6 Jetzt horizontal um die Kugel herum die smaragdfarbenen Blüten arbeiten. Ist die erste fertig, dem Musterlauf folgend durch die bereits bestehende amethystfarbene Blüte fädeln und dann die zweite smaragdfarbene Blüte arbeiten. Die Fädelarbeit gemäß Seite 7 fertig stellen, dann die Satinbänder wie auf Seite 6 beschrieben anbringen.

Abb. 1

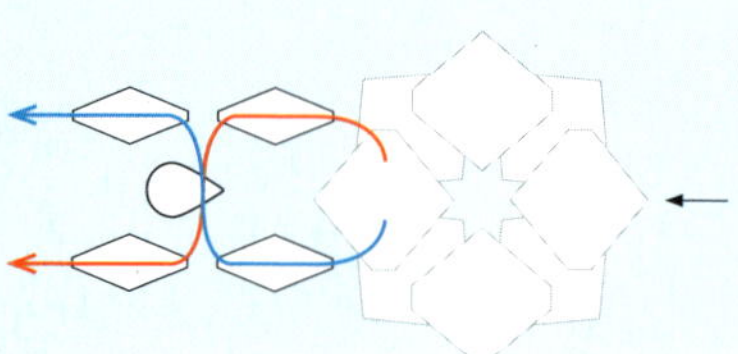

Abb. 2

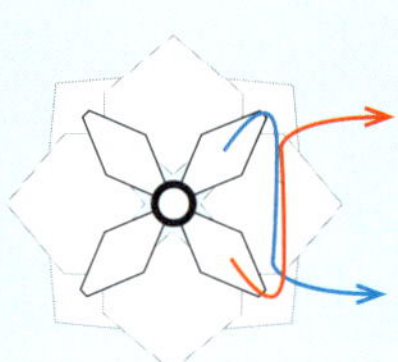

Abb. 3

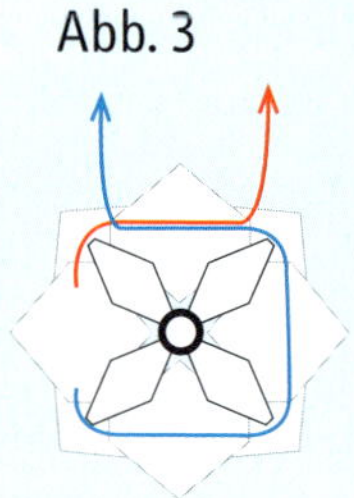

Elegante Ringe

→ schlicht und effektvoll

MATERIAL RING IN BORDEAUX

- 2 Swarovski®-Perlen in Orangerot, ø 6 mm
- 4 Swarovski®-Perlen in Koralle, ø 4 mm
- 6 Swarovski®-Perlen in Rosa Chiffon, ø 4 mm
- ca. 27-33 Glas-Wachsperlen in Bordeaux, ø 4 mm
- Nylonfaden, ø 0,25 mm, ca. 80 cm lang

RING IN WEISS

- 2 Swarovski®-Perlen in Olive, ø 6 mm
- 4 Swarovski®-Perlen in Schwarz, ø 4 mm
- 6 Swarovski®-Perlen in Mondstein, ø 4 mm
- ca. 27-33 Glas-Wachsperlen in Weiß, ø 4 mm
- Nylonfaden, ø 0,25 mm, ca. 80 cm lang

1 Drei Glas-Wachsperlen und eine Swarovski®-Perle aufnehmen, durch die Swarovski®-Perle kreuzen. Die Arbeit in die Mitte des Fadens schieben. Pro Faden eine kleine Swarovski®-Perle auffädeln und durch eine große Swarovski®-Perle kreuzen (Abb. 1).

2 Auf jeden Faden eine kleine Swarovski®-Perle aufziehen und durch eine dritte, kleine Swarovski®-Perle kreuzen. Auf einen Faden zwei Glas-Wachsperlen ziehen, auf den anderen eine Glas-Wachsperle. Durch die einzeln aufgenommene Glas-Wachsperle kreuzen, damit wird die Richtung gewechselt (Abb. 2).

3 Auf den äußeren Faden (blau dargestellt) zwei Glas-Wachsperlen aufnehmen, auf den anderen (rot dargestellt) eine Swarovski®-Perle. Durch die einzeln aufgenommene Swarovski®-Perle kreuzen, so wird die Richtung erneut gewechselt. Den inneren Faden durch die bereits im zweiten Arbeitsschritt aufgenommene kleine Swarovski®-Perle führen und auf den anderen Faden eine kleine Swarovski®-Perle aufnehmen. Eine weitere, große Swarovski®-Perle aufnehmen und durch diese kreuzen (Abb. 3).

4 Auf den äußeren Faden (blau dargestellt) eine Swarovski®-Perle aufnehmen. Den inneren Faden (rot dargestellt) durch die vorhandene kleine Swarovski®-Perle führen. Eine weitere kleine Swarovski®-Perle aufnehmen. Durch diese letzte Swarovski®-Perle kreuzen.

5 Den inneren Faden weiter durch die daneben liegende und die folgende Glas-Wachsperle, die bereits im ersten Arbeitsschritt aufgenommen wurde, führen. Auf den anderen Faden eine Glas-Wachsperle aufziehen und die Fäden durch eine dritte Glas-Wachsperle kreuzen.

6 Für die Ringschiene auf jeden Faden eine Glas-Wachsperle aufnehmen und durch eine dritte kreuzen. Zum Schluss auf jeden Faden zwei Glas-Wachsperlen aufnehmen und durch die mit Pfeil markierten Glas-Wachsperlen kreuzen (Abb. 4).

7 Den Ring gemäß der Anleitung auf Seite 7 fertig stellen.

Abb. 1

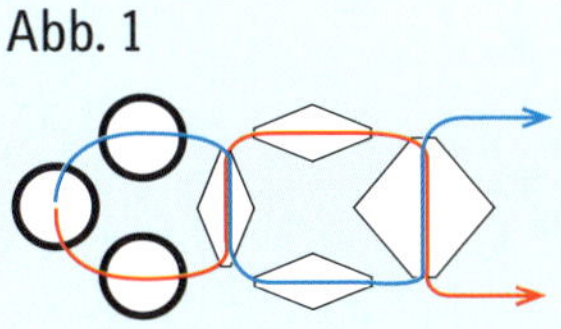

Abb. 2

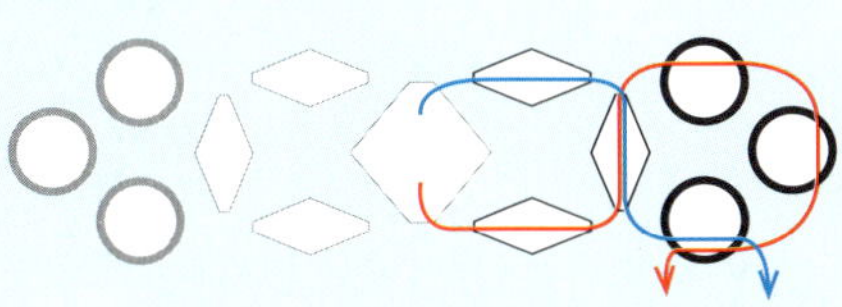

Abb. 3

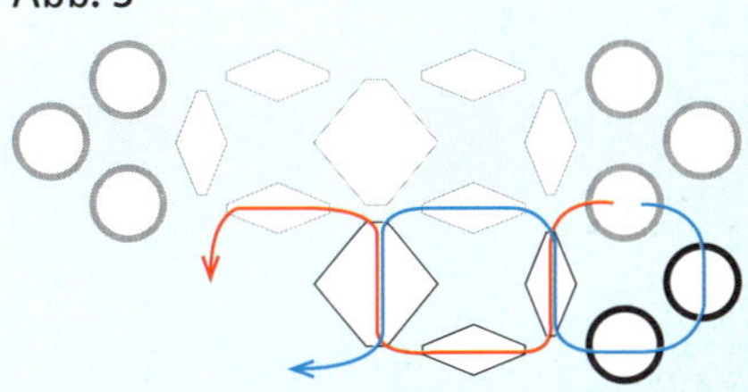

Abb. 4

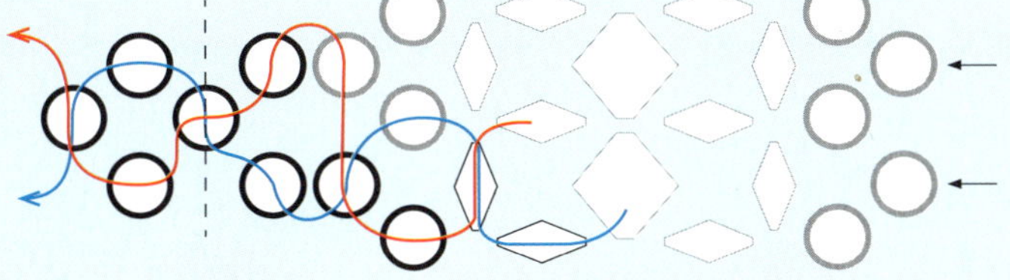

Ring in Bordeaux

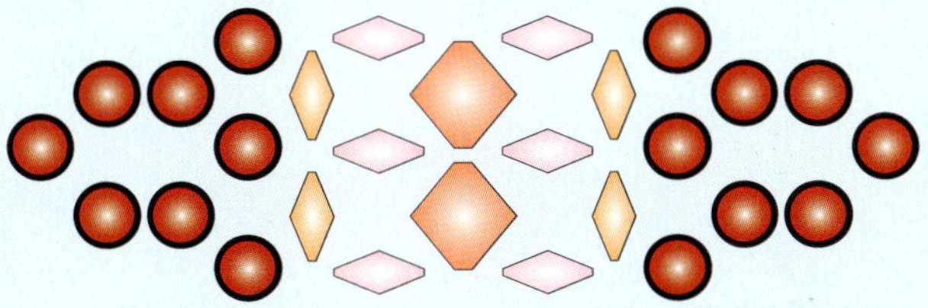

Ring in Weiß

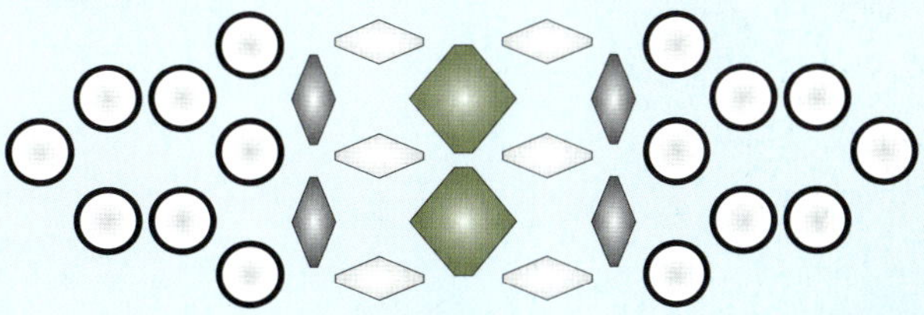

Collier mit Herzanhänger

→ romantisch und verspielt

Abb. 1

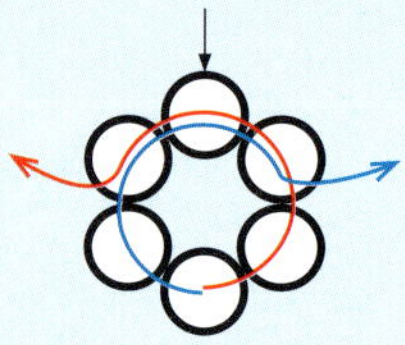

Abb. 2

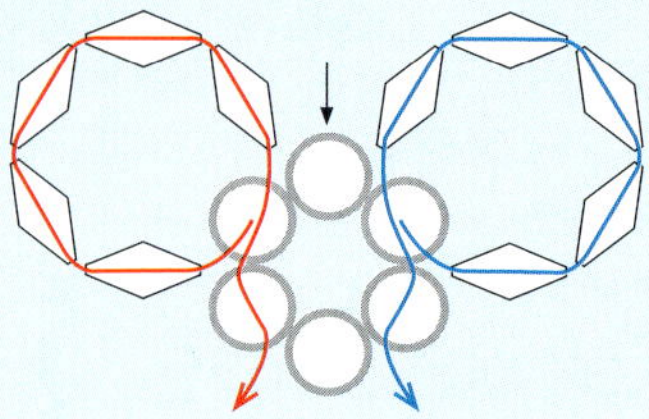

Abb. 3

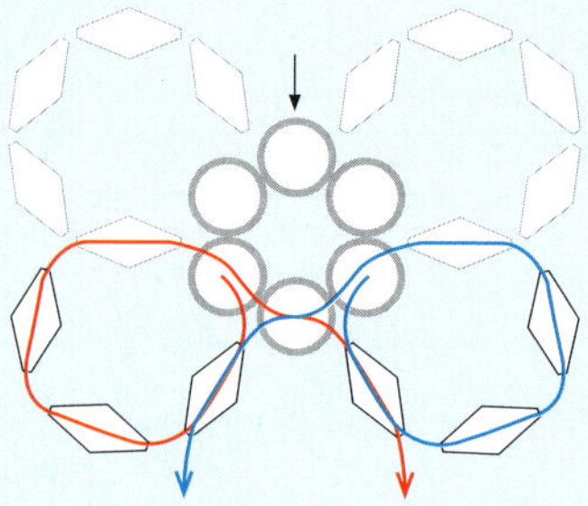

Abb. 4

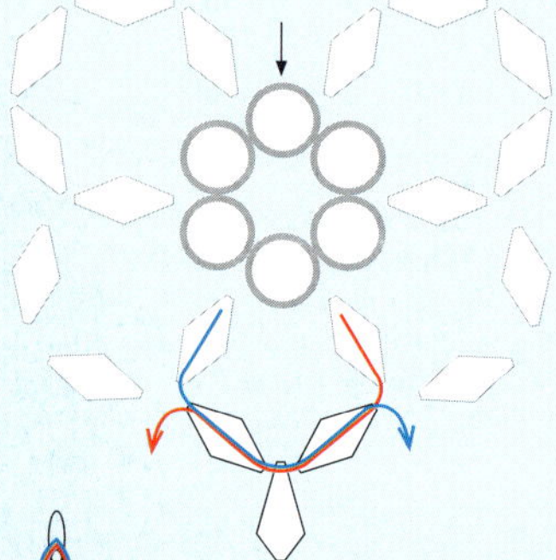

Abb. 5

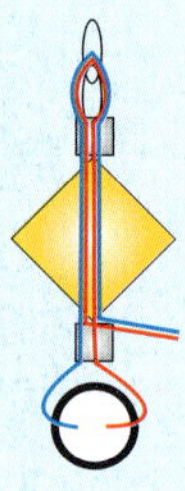

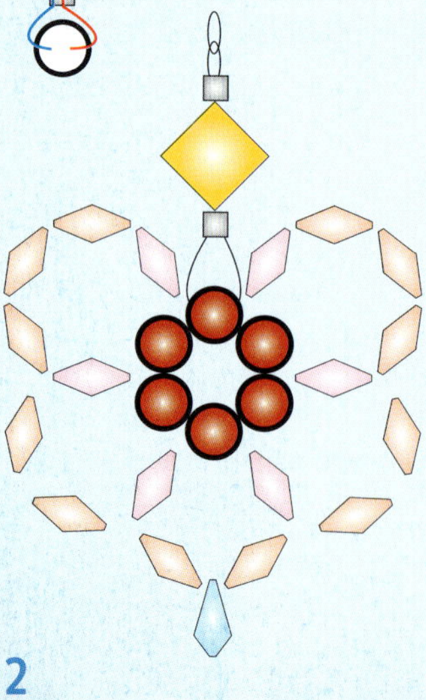

1 Für den Anhänger sechs Glas-Wachsperlen auffädeln und durch drei Perlen kreuzen. Die Arbeit in die Mitte des Fadens schieben (Abb. 1).

2 Für die Bogen Swarovski®-Perlen auffädeln, dabei die Farbgebung beachten (Abb. 2-4).

3 Dann die Fäden zur Stabilisierung im Muster zurückfädeln, bis sie aus jeweils einer Seite der mit Pfeil in Abb. 4 markierten Glas-Wachsperle oben am Herz heraustreten.

4 Eine Quetschperle auf beide Fäden aufnehmen und möglichst nahe an der Glas-Wachsperle zusammendrücken. Die große Swarovski®-Perle und eine Quetschperle aufnehmen. Mit beiden Fäden eine winzige Schlaufe formen und den Ringel in diese einhängen. Durch die Quetschperle und die Swarovski®-Perle zurückfädeln. Die Quetschperle zusammendrücken und die Fäden abschneiden (Abb. 5).

5 Die Kette von der Mitte nach außen arbeiten. Zuerst den Spaltring auf einen der Fäden ziehen und in dessen Mitte ziehen. Über beide Fäden eine Quetschperle fädeln und diese nahe am Ring zusammendrücken.

6 Die Perlen gemäß Abbildung aufreihen, dann den Verbinder und das Satinband gemäß der Anleitung auf Seite 6 anbringen. Die zweite Seite genauso arbeiten.

7 Den Ringel am Anhänger etwas aufbiegen, in den Spaltring der Kette einhängen und den Ringel wieder zu biegen.

Tipp: Diese Kette wurde nicht mit Knoten aufgereiht. Wenn Sie mit Knoten arbeiten möchten, orientieren Sie sich bitte an der Anleitung auf Seite 6/7.

MATERIAL
HERZ

- 6 Swarovski®-Perlen in Rosa Chiffon, ø 6 mm
- 12 Swarovski®-Perlen in Orangerot, ø 6 mm
- Swarovski®-Perle in Koralle, ø 8 mm
- Swarovski®-Kristall-Tropfen, 11 mm x 5,5 mm
- 6 Glas-Wachsperlen in Bordeaux, ø 6 mm
- 2 Quetschperlen in Gold, ø 1,8 mm
- Ringel in Gold, oval, ø 0,8 mm
- Nylonfaden, ø 0,25 mm, ca. 70 cm lang

KETTE

- 2 Swarovski®-Perlen in Koralle, ø 8 mm
- 2 Swarovski®-Perlen in Orangerot, ø 8 mm
- 2 Swarovski®-Perlen in Rosa Chiffon, ø 8 mm
- 12 Glas-Wachsperlen in Bordeaux, ø 4 mm
- 18 Glas-Wachsperlen in Bordeaux, ø 8 mm
- 4 Quetschperlen in Gold, ø 1,8 mm
- Spaltring in Gold, ø 7 mm
- 2 Verbinder in Gold, ø 2 mm
- Perlen-Aufreihseide, ø 0,35 mm, oder Nylonfaden, ø 0,25 mm, 2 x ca. 1 m lang
- Satinband in Rosa, 6 mm breit, 2 x ca. 40 cm lang

Medaillons

→ hübscher Blickfang

MATERIAL FÜR ALLE MEDAILLONS

- Nylonfaden, ø 0,25 mm, ca. 80 cm lang

VIOLETT UND HELLGRÜN

- 12 Swarovski®-Perlen in Violett, ø 6 mm
- 8 Swarovski®-Perlen in Hellgrün, ø 6 mm
- Rocailles in Orangerot, ø 2 mm
- 6 Ringel in Silber, oval, ø ca. 4 mm
- Lederriemen in Grün, ca. 60 cm lang

AMETHYST UND ROSA

- 12 Swarovski®-Perlen in Amethyst, ø 6 mm
- 8 Swarovski®-Perlen in Rosa, ø 6 mm
- Rocailles in Rot, ø 2 mm
- 6 Ringel in Silber, oval, ø ca. 4 mm
- Lederriemen in Lila, ca. 60 cm lang

ROSA UND KARAMELL

- 12 Swarovski®-Perlen in Rosa Chiffon, ø 6 mm
- 8 Swarovski®-Perlen in Karamell, ø 6 mm
- Rocailles in Hellgrün, ø 2 mm
- 6 Ringel in Silber, oval, ø ca. 4 mm
- Lederriemen in Hellgrün, ca. 60 cm lang

Alle Medaillons werden auf die gleiche Art, allerdings in verschiedenen Farben, gearbeitet.

1 Vier Swarovski®-Perlen und vier Rocailles im Wechsel aufnehmen und durch eine Rocaille, eine Swarovski®-Perle und eine Rocaille kreuzen. Die Arbeit in die Mitte des Fadens ziehen (Abb. 1).

2 Mit einem Faden gegen, mit dem anderen Faden mit dem Uhrzeigersinn arbeiten. Pro Faden eine Swarovski®-Perle, eine Rocaille, eine Swarovski®-Perle, eine Rocaille und wieder eine Swarovski®-Perle aufnehmen, dann den Faden durch die in Schritt 1 aufgenommene Rocaille führen (Abb. 2). Durch die in Schritt 1 aufgenommene Swarovski®-Perle und die anschließende Rocaille weiterführen. Dann wieder eine Swarovski®-Perle, eine Rocaille, eine Swarovski®-Perle, eine Rocaille und eine Swarovski®-Perle aufnehmen. Mit dem anderen Faden in die Gegenrichtung genauso arbeiten und dabei an Abb. 2 orientieren.

3 Auf jeden Faden eine Swarovski®-Perle aufnehmen und die Fäden durch die bereits aufgezogenen Perlen (Rocaille – Swarovski® – Rocaille) ziehen (Abb. 3). Dann die Fäden unauffällig verknoten (siehe Seite 7).

4 Für die Aufhängung je drei Ringel aufbiegen, ineinander hängen und links und rechts neben einer am Rand liegenden Swarovski®-Perle in den Nylonfaden einhängen. Den Lederriemen durchziehen, die Ringel wieder zubiegen. Den Lederriemen durch Verknoten schließen.

Abb. 1

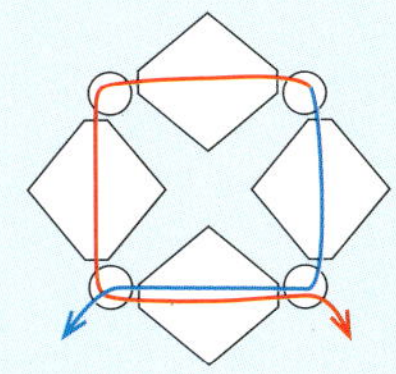

Abb. 2

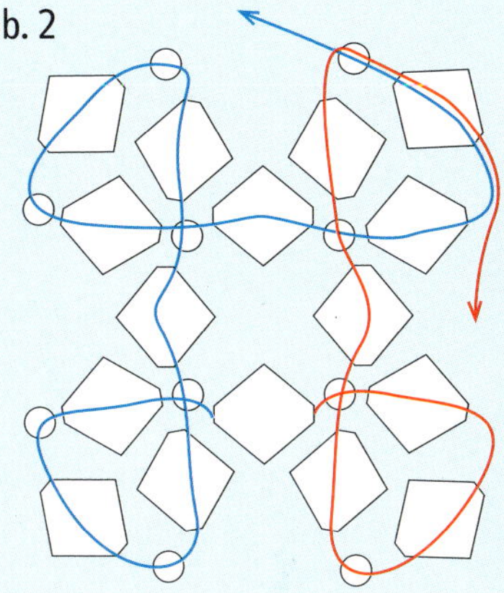

Abb. 3

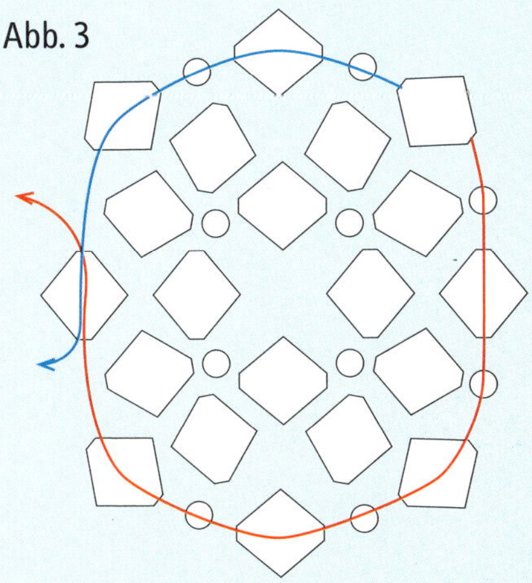

Medaillon in Violett und Hellgrün

Medaillon in Rosa und Karamell

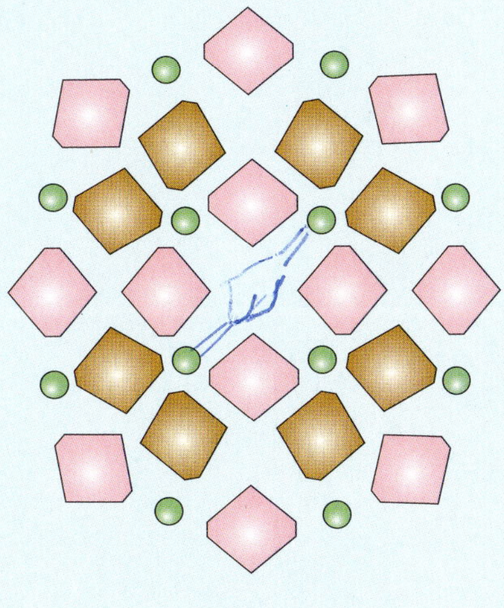

Medaillon in Amethyst und Rosa

Traubenohrring

→ fruchtige Kombination

Traubenohrringe

1 Die sieben Ringel durch Auf- und Zubiegen zur Kette ineinander hängen und dann in den Ohrhänger hängen (Abb. 1).

2 Jede Glasschliff-Perle und jede Swarovski®-Perle einzeln auf einen Prismenstift stecken. Diesen so weit kürzen, dass aus dem Rest gerade noch eine kleine Öse mit der Rundzange gebogen werden kann (Abb. 2).

3 Durch behutsames Auf- und Zubiegen dieser Ösen zwei Glasschliff-Perlen und eine Swarovski®-Perle in jeden Ringel einhängen.

Ring

1 Eine Glasschliff-Perle, eine kleine Swarovski®-Perle und eine Glasschliff-Perle aufreihen und die Fäden durch eine Glasschliff-Olive kreuzen. Arbeitsstück in die Mitte des Fadens ziehen.

2 Auf jedes Fadenende ein Glasschliff-Radl, eine kleine Swarovski®-Perle und eine Glasschliff-Perle auffädeln.

3 Die Fäden durch eine Glasschliff-Perle, eine große Swarovski®-Perle und eine Glasschliff-Perle kreuzen. Nochmals durch die neben der kleinen Swarovski®-Perle liegenden Glasschliff-Perlen fädeln.

4 Auf jedes Fadenende eine kleine Swarovski®-Perle und ein Glasschliff-Radl aufnehmen und die Fäden durch eine Olive kreuzen.

5 Auf jeden Faden eine Glasschliff-Perle aufnehmen und die Fäden durch eine kleine Swarovski®-Perle kreuzen.

6 Ringschiene ausarbeiten. Dazu auf jeden Faden immer zwei Glasschliff-Perlen aufziehen und durch eine Glasschliff-Olive kreuzen. Wenn die Ringschiene die richtige Größe hat, die Fäden durch die mit Pfeil markierte Swarovski®-Perle kreuzen und den Ring fertig stellen (siehe Seite 7).

MATERIAL

OHRRINGE

- 14 Swarovski®-Perlen in Rosa Chiffon, ø 6 mm
- 28 Glasschliff-Perlen in Rubin, ø 6 mm
- 14 ovale Ringel in Silber, ø 0,8 mm
- 42 Prismenstifte in Silber, 25 mm x 0,8 mm
- 2 Ohrhänger in Silber

RING

- Swarovski®-Perle in Rosa Chiffon, ø 6 mm
- 6 Swarovski®-Perlen in Rosa Chiffon, ø 4 mm
- 4 Glasschliff-Radl in Rubin, 6 mm x 3 mm
- ca. 6-8 Glasschliff-Oliven in Rubin, 6 mm x 4 mm
- ca. 28-36 Glasschliff-Perlen in Rubin, ø 3 mm
- Nylonfaden, ø 0,25 mm, ca. 1 m lang

Ohrringe

Abb. 1

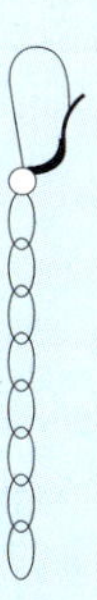

Abb. 2

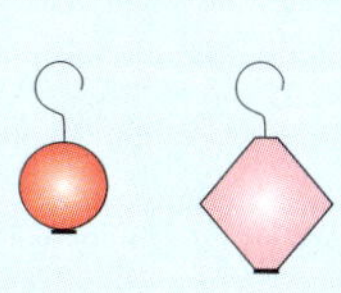

Ring

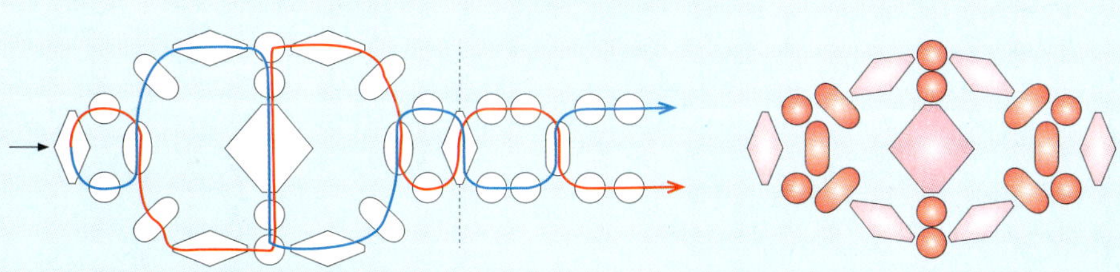

Edle Ringe

→ groß und opulent

MATERIAL RING IN BRAUN, GRÜN UND BLAU

- 6 Swarovski®-Perlen in Jade, ø 6 mm
- 6 Swarovski®-Perlen in Nachtblau, ø 4 mm
- runde Swarovski®-Kristall-Perle, ø 6 mm
- 7 Glas-Wachsperlen in Nougat, ø 6 mm
- ca. 20-26 Glas-Wachsperlen in Nougat, ø 4 mm
- 8 Rocailles in Türkis, ø 2 mm
- Nylonfaden, ø 0,25 mm, ca. 1 m lang

RING IN BORDEAUX, OLIV UND ROSA

- 6 Swarovski®-Perlen in Olive, ø 8 mm
- 6 Swarovski®-Perlen in Rosa Chiffon, ø 4 mm
- runde Swarovski®-Kristall-Perle, ø 6 mm
- 7 Glas-Wachsperlen in Bordeaux, ø 6 mm
- ca. 20-26 Glas-Wachsperlen in Bordeaux, ø 4 mm
- 8 Rocailles in Orange, ø 2 mm
- Nylonfaden, ø 0,25 mm, ca. 1 m lang

1 Eine große Glas-Wachsperle, eine Rocaille, eine große Glas-Wachsperle, eine Rocaille und eine große Glas-Wachsperle aufnehmen und die Fäden durch eine weitere Rocaille, eine große, weitere Glas-Wachsperle und eine weitere Rocaille kreuzen. Alles in die Mitte des Fadens schieben.

2 Auf jeden Faden eine große Glas-Wachsperle und eine Rocaille aufnehmen und durch eine weitere große Glas-Wachsperle kreuzen. Auf jeden Faden eine kleine Swarovski®-Perle aufnehmen und durch eine große Swarovski®-Perle kreuzen. Auf jeden Faden eine große Swarovski®-Perle aufnehmen und durch eine Rocaille, eine Swarovski®-Kristall-Perle und eine Rocaille kreuzen. Auf jeden Faden eine kleine Swarovski®-Perle aufnehmen und durch die mit schwarzen Pfeilen markierte Rocaille, Glas-Wachsperle, Rocaille kreuzen (Abb. 1).

3 Die Fäden treten beiderseits aus den auf der Unterseite liegenden Rocailles heraus. Die Fäden jeweils durch die kleine Swarovski®-Perle, die wie eine Säule Unter- und Oberseite miteinander verbindet (Achtung: Dieser Arbeitsschritt kann in der Abb. nicht dargestellt werden) nach oben führen. Die Fäden anschließend durch die Rocaille, die Swarovski®-Kristall-Perle und die Rocaille der Oberseite kreuzen. Auf jeden Faden eine große Swarovski®-Perle aufnehmen und durch eine weitere große Swarovski®-Perle kreuzen. Auf jeden Faden eine kleine Swarovski®-Perle aufnehmen und durch die mit Pfeil markierte Glas-Wachsperle kreuzen (Abb. 2).

4 Von dieser, in der Abbildung blau dargestellten, verdeckten Perle ausgehend, die Ringschiene arbeiten. Dazu auf jeden Faden eine kleine Glas-Wachsperle aufnehmen und durch eine dritte kreuzen. Durch Kreuzen in der mit Pfeil markierten Glas-Wachsperle die Ringschiene schließen (Abb. 3) und den Ring gemäß der Anleitung auf Seite 7 fertig stellen.

Tipp: Achten Sie darauf, für Schmuck nur waschbare Rocailles zu verwenden, denn diese verlieren durch das Tragen nicht ihre Farbe.

Abb. 1

Abb. 2

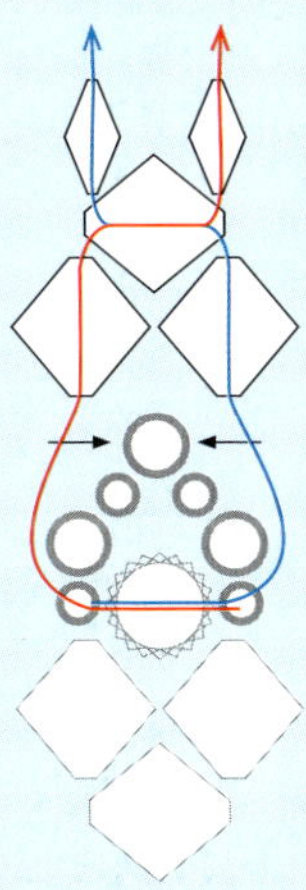

Abb. 3

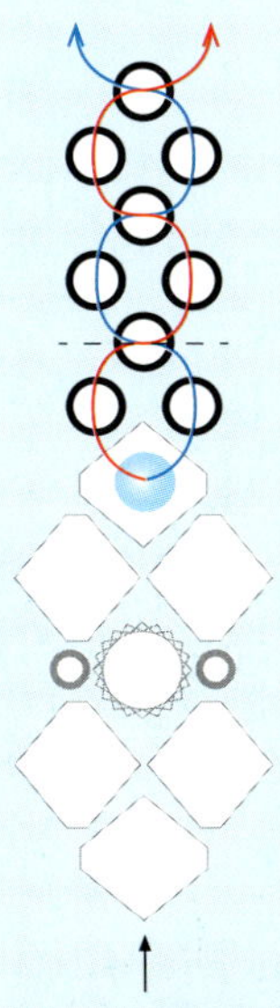

Ring in Braun, Grün und Blau

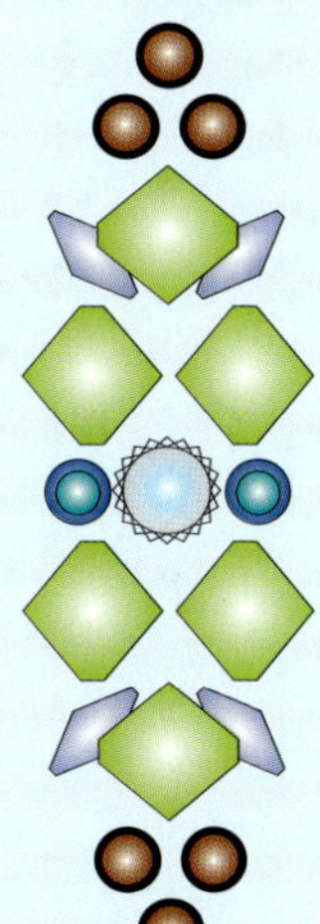

Ring in Bordeaux, Oliv und Rosa

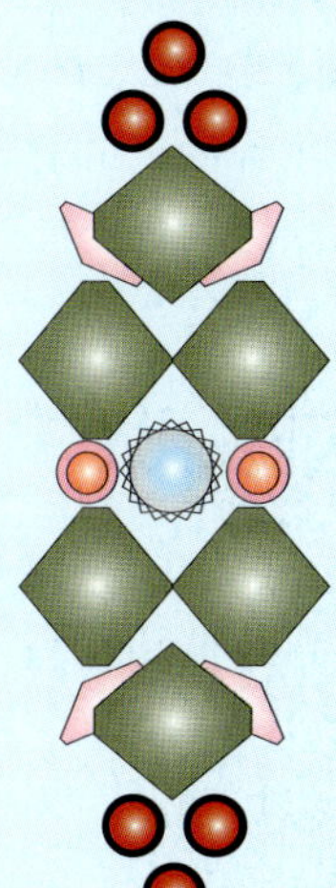

Anhänger in Karamell und Smaragd

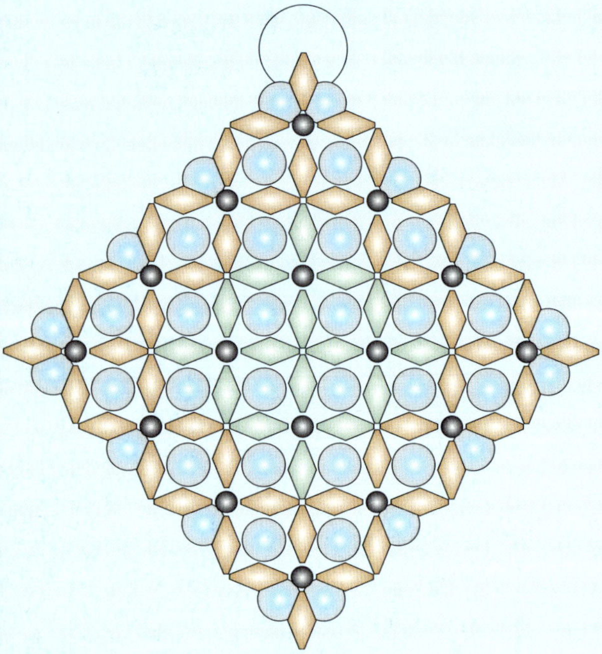

Anhänger in Blau

Große Anhänger

→ prächtig und wertvoll

Zum Arbeiten der Anhänger an der allgemeinen Anleitung zum Blümchenmuster auf Seite 12/13 und den nebenstehenden Skizzen orientieren.

Anhänger in Karamell und Smaragd

Gemäß der Anleitung zum Blümchenmuster auf Seite 12/13 und der nebenstehenden Skizze arbeiten.
An einer Ecke des Vierecks einen Ringel in den Nylonfaden einhängen. Den Schmuckdraht in gewünschter Länge doppelt zuschneiden und den Verschluss wie auf Seite 6 beschrieben anbringen.

Anhänger in Blau

1 An den Stellen, wo die Kettelstifte angebracht werden, zwischen die Lücken der Glasschliff-Perlen keine Rocailles, sondern Kettelstifte auffädeln.

2 Die Perlen aufziehen und mit Quetschperlen fixieren. Als Abschluss eine Quetschperle anbringen.

3 Den Schmuckdraht mittig direkt durch die jeweils an der Ecke sitzenden Rocailles fädeln. Auf beiden Seiten die Drähte mit einer Quetschperle gemäß der Abbildung zusammenfassen. Den Verschluss gemäß Seite 6 anbringen und beide Drahtenden zusammenfassen.

Tipp: Verwenden Sie für das Füllen der Lücken zwischen den seitlichen Glasschliff-Perlen größere Rocailles. Diese spreizen den Anhänger und verhindern so das Aufwölben.

MATERIAL ANHÄNGER IN KARAMELL UND SMARAGD

- 40 Glasschliff-Perlen in Bergkristall, ø 4 mm
- 48 Swarovski®-Perlen in Karamell, ø 4 mm
- 16 Swarovski®-Perlen in Smaragd, ø 4 mm
- Rocailles in Schwarz gelüstert, ø 2 mm (Blütenmitten)
- Rocailles in Transparent, ø 2,6 mm (für die Zwischenräume der seitlichen Glasschliff-Perlen)
- Ringel in Gold, oval, 0,8 mm
- 2 Quetschperlen in Gold, ø 1,8 mm
- Nylonfaden, ø 0,25 mm, ca. 2 m lang
- Schmuckdraht in Gold, ø 0,4 mm, ca. 80 cm lang
- Verschluss in Gold

ANHÄNGER IN BLAU

- 40 Glasschliff-Perlen in Bergkristall, ø 4 mm
- 18 Swarovski®-Perlen in Azurblau, ø 4 mm
- 55 Swarovski®-Perlen in Nachtblau, ø 4 mm
- Rocailles in Silber, ø 2 mm (Blütenmitten)
- Rocailles in Transparent, ø 2,6 mm (für die Zwischenräume der seitlichen Glasschliff-Perlen)
- 3 Kettelstifte in Silber, 35/0,8 mm
- 22 Quetschperlen in Silber, ø 1,8 mm
- Nylonfaden, ø 0,25 mm, ca. 2 m lang
- Schmuckdraht in Silber, ø 0,4 mm, ca. 80 cm lang
- Verschluss in Silber

Zackenringe

→ ausdrucksstark

MATERIAL RING IN BLAUTÖNEN

- 22 Swarovski®-Perlen in Azurblau, ø 4 mm
- 2 Swarovski®-Perlen in Nachtblau, ø 4 mm
- Swarovski®-Perle in Nachtblau, ø 6 mm
- Rocailles in Silber, ø 2 mm
- Nylonfaden, ø 0,25 mm, ca. 1 m lang

RING IN ROSA UND KARAMELL

- 22 Swarovski®-Perlen in Karamell, ø 4 mm
- 3 Swarovski®-Perlen in Rosa Chiffon, ø 6 mm
- Rocailles in Orangerot, ø 2 mm
- Nylonfaden, ø 0,25 mm, ca. 1 m lang

RING IN ORANGE UND GRÜN

- 22 Swarovski®-Perlen in Oliv, ø 4 mm
- 2 Swarovski®-Perlen in Orangerot, ø 6 mm
- Swarovski®-Perle in Koralle, ø 6 mm
- Rocailles in Orange, ø 2 mm
- Nylonfaden, ø 0,25 mm, ca. 1 m lang

RING IN KARAMELL UND GRÜN

- 22 Swarovski®-Perlen in Jade, ø 4 mm
- 3 Swarovski®-Perlen in Karamell, ø 6 mm
- Rocailles in Schwarz gelüstert, ø 2 mm
- Nylonfaden, ø 0,25 mm, ca. 1 m lang

1 Für die Unterseite vier Swarovski®-Perlen aufnehmen und durch die vierte kreuzen. Die Arbeit in die Mitte des Fadens schieben (Abb. 1).

2 Für die Oberseite pro Faden eine Swarovski®-Perle (ø 4 mm) aufnehmen und durch eine große Swarovski®-Perle (ø 6 mm) kreuzen. Nochmals eine Swarovski®-Perle (ø 4 mm) auf jeden Faden ziehen und durch die zuvor aufgenommene, mit Pfeil in Abb. 1 markierte Swarovski®-Perle kreuzen. Die Zacke wird so mit der Unterseite fest verbunden (Abb. 1).

3 Für die Unterseite auf jedes Fadenende eine Swarovski®-Perle (ø 4 mm) auffädeln und durch eine dritte kreuzen. Arbeitsschritt 2 für die Oberseite wiederholen und durch die mit Pfeil markierte Swarovski®-Perle kreuzen (Abb. 2).

4 Die Arbeit umdrehen und die Fäden durch die seitlichen Swarovski®-Perlen der Unterseite fädeln. Durch die mit Pfeil in Abb. 3 markierte Swarovski®-Perle kreuzen.

5 Die dritte Unterseite und die dritte Zacke wie unter Arbeitsschritt 3 beschrieben arbeiten.

6 Die Ringschiene arbeiten (siehe Seite 8) und den Ring gemäß der Anleitung auf Seite 7 fertig stellen.

Abb. 1

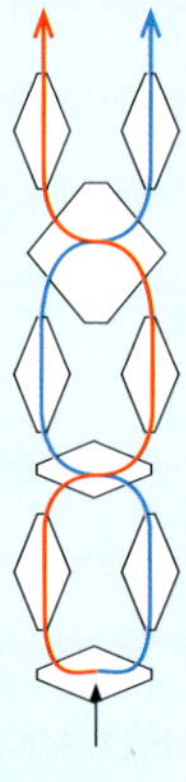

Abb. 2

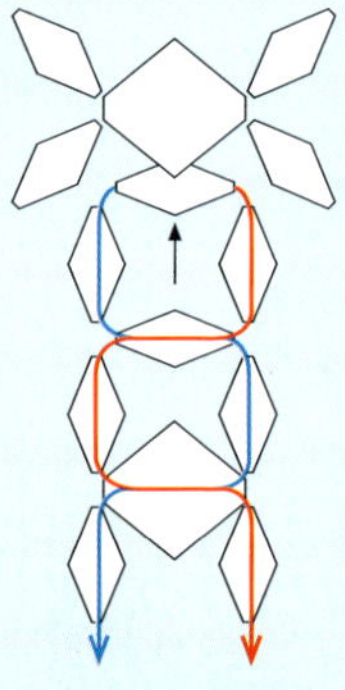

Abb. 2
Ring in Blautönen

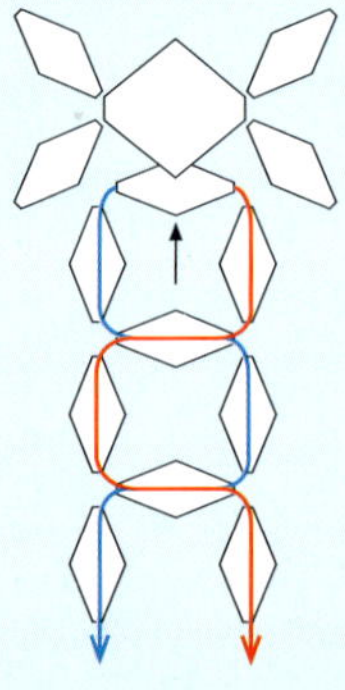

Abb. 3
Unterseite

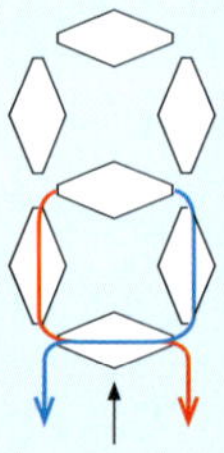

Ring in Blautönen

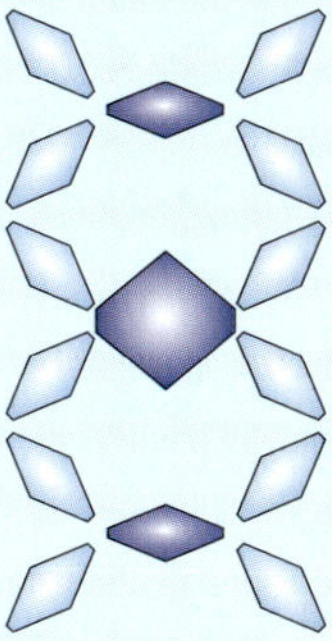

Ring in Rosa und Karamell

Ring in Orange und Grün

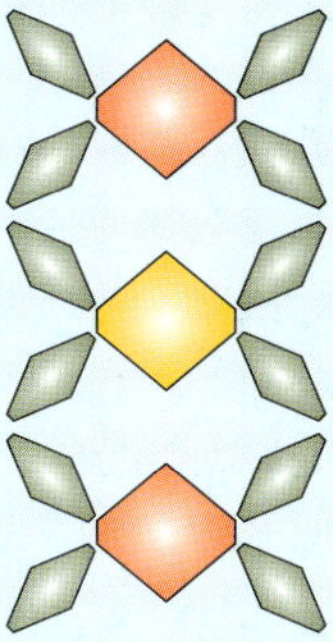

Ring in Karamell und Grün

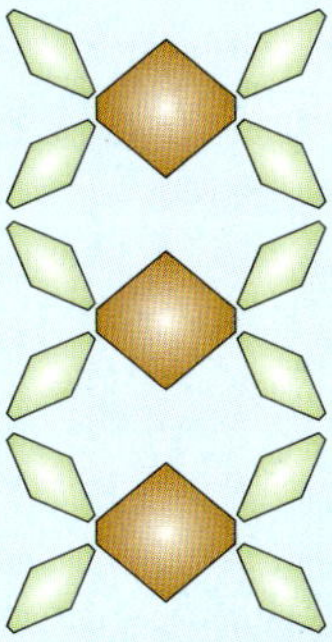

MATERIAL RING MIT WÜRFEL

- Swarovski®-Kristall-Würfel, 8 mm x 8 mm
- 4 Swarovski®-Perlen in Rosa Chiffon, ø 4 mm
- 10 Glas-Wachsperlen in Jade, ø 6 mm
- ca. 12-16 Glas-Wachsperlen in Silbergrau, ø 4 mm
- ca. 3-5 Glas-Wachsperlen in Jade, ø 4 mm
- Nylonfaden, ø 0,25 mm, ca. 1 m lang

RING IN ROSÉ

- Swarovski®-Perle in Mondstein, ø 6 mm
- 4 Swarovski®-Perlen in Smaragd, ø 4 mm
- 10 Glas-Wachsperlen in Muschelrosa, ø 6 mm
- ca. 15-21 Glas-Wachsperlen in Puderrosa, ø 4 mm
- Nylonfaden, ø 0,25 mm, ca. 1 m lang

Ringe in Pastellfarben

→ märchenhaft und romantisch

1 Drei der großen Glas-Wachsperlen aufnehmen und durch eine vierte, kleine Glas-Wachsperle kreuzen. Alles in die Mitte des Fadens schieben. Auf jeden Faden eine große, eine kleine und wieder eine große Glas-Wachsperle aufziehen und die Fäden durch eine weitere kleine Glas-Wachsperle kreuzen. Pro Faden eine große Glas-Wachsperle aufnehmen und durch eine dritte, große Glas-Wachsperle kreuzen. Die Fäden so weiterführen, dass sie kreuzend durch die zuletzt aufgenommene, kleine Glas-Wachsperle austreten (Abb. 1).

2 Auf jeden Faden eine kleine Swarovski®-Perle aufnehmen und dann beide Fäden durch die große Swarovski®-Perle bzw. durch den Würfel führen. Die Fäden wieder teilen und auf jeden eine kleine Swarovski®-Perle auffädeln. Dann die Fäden in der gegenüberliegenden, kleinen Glas-Wachsperle kreuzen.

3 Die Fäden durch die als erste aufgenommene Glas-Wachsperle führen und in der letzten Glas-Wachsperle kreuzen. Für die Ringschiene auf jeden Faden eine kleine Glas-Wachsperle aufnehmen und durch eine dritte kreuzen. Zum Schließen der Ringschiene durch die mit Pfeil markierte Glas-Wachsperle kreuzen (Abb. 2). Den Ring gemäß der Anleitung auf Seite 6 fertig stellen.

Abb. 1

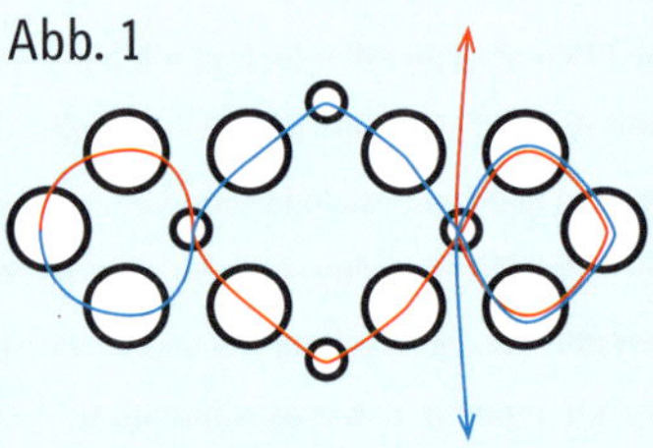

Abb. 2

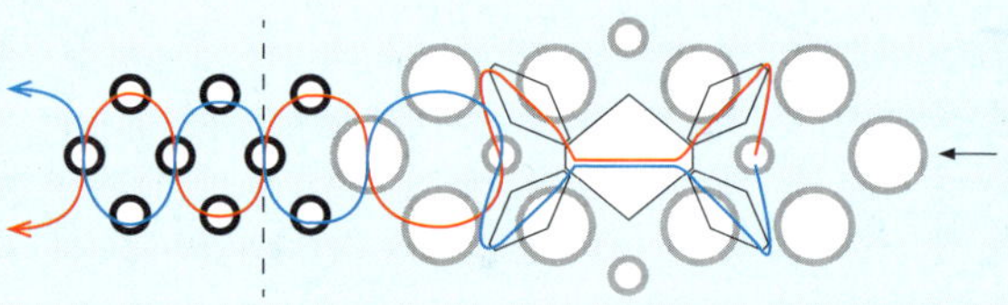

Ring mit Würfel

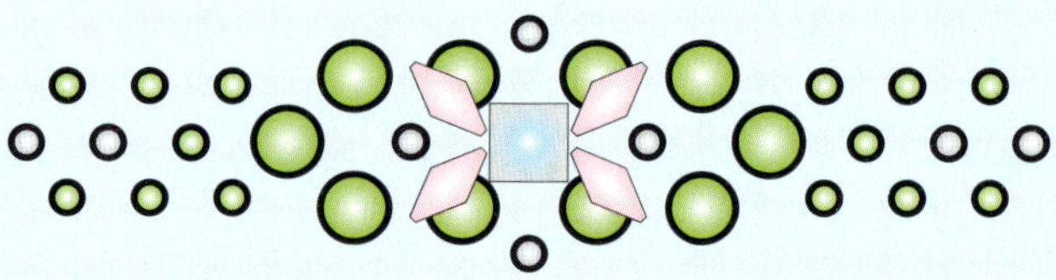

Ring in Rosé

Collier mit Schmetterling

→ ganz modisch

MATERIAL SCHMETTERLING

- 48 Swarovski®-Perlen in Royalblau, ø 4 mm
- 26 Swarovski®-Perlen in Nachtblau, ø 4 mm
- 4 Swarovski®-Perlen in Indisch Türkis, ø 6 mm
- 3 runde Swarovski®-Kristall-Perlen, ø 4 mm
- 2 runde Swarovski®-Kristall-Perlen, ø 6 mm
- Nylonfaden, ø 0,25 mm, 2 x ca. 1,50 m lang

KETTE

- 4 Swarovski®-Perlen in Indisch Türkis, ø 6 mm
- 2 runde Swarovski®-Kristall-Perlen, ø 6 mm
- ca. 40-48 Glas-Wachsperlen in Anthrazit, ø 4 mm
- 2 Verbinder in Silber, ø 2 mm
- Perlen-Aufreihseide, ø 0,35 mm, 2 x ca. 1,60 m lang
- 2 Quetschperlen in Silber, ø 1,8 mm
- Satinband in Schwarz, 6 mm breit, 2 x ca. 50 cm lang

1 Jeder Flügel wird zunächst einzeln gefädelt. Die Farbe der einzelnen Perlen ergibt sich aus der Farbskizze auf Seite 59. Start der Fädelarbeit ist in Abb. 1 mit einem Pfeil markiert. Auf gute Fadenspannung achten, denn nachträgliches Anziehen ist durch die doppelten Kreisfädelungen fast unmöglich (Abb. 1).

2 Die großen, türkisfarbenen Swarovski®-Perlen, die runde Swarovski®-Kristall-Perle sowie die drei kleinen, nachtblauen Swarovski®-Perlen werden durch Kreuzen der Fäden eingearbeitet (Abb. 2). Gegengleich den zweiten Flügel arbeiten.

3 Die Flügel durch Hinzufügen von sechs weiteren Swarovski®-Perlen verbinden. Der ehemals blaue Faden des rechten Flügels wird zum besseren Kontrast grün dargestellt. Die rot dargestellten Arbeitsfäden bleiben zunächst hängen. Durch eine neu aufgenommene Swarovski®-Perle kreuzen und den Faden durch die bereits vorhandenen, seitlichen Perlen ziehen. Diesen Arbeitsschritt noch

Abb. 1

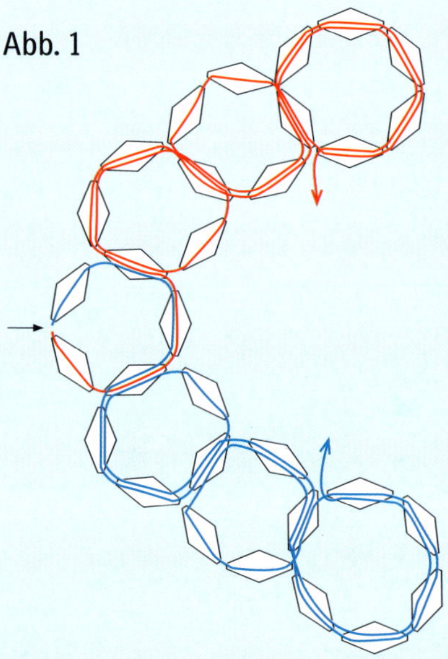

Abb. 2

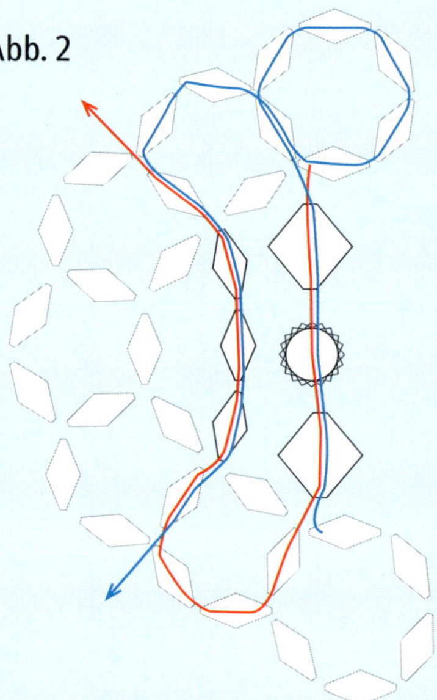

Collier mit Schmetterlingen

einmal wiederholen. Für den Kopf vier weitere Swarovski®-Perlen hinzufügen. Durch die erste kreuzen, auf jeden Faden eine Swarovski®-Perle auffädeln und durch die letzte wieder kreuzen (Abb. 3).

5 Auf dem Körper die kleinen, runden Swarovski®-Kristall-Perlen anbringen. Dazu beide Fäden gemeinsam durch eine kleine, runde Swarovski®-Kristall-Perle ziehen, die Fäden wieder trennen und durch die nächste, horizontal liegende Swarovski®-Perle kreuzen. Diesen Arbeitschritt noch zweimal wiederholen (Abb. 4).

6 Alle vier Fäden im Verlauf des Musters in den Perlen vernähen, so wird der Schmetterling stabil.

7 Für das Anbringen der Kette je eine Aufreihseide durch den obersten Kringel des Flügels fädeln (siehe Farbskizze). Den Faden mittig legen und zweimal verknoten.

8 Eine große Swarovski®-Perle, eine Swarovski®-Kristall-Perle und eine weitere große Swarovski®-Perle aufreihen. Dann die Glas-Wachsperlen auffädeln, dabei zwischen jeder einen Knoten knüpfen. Dazu an der Anleitung auf Seite 6/7 orientieren. Ist die gewünschte Länge erreicht, den Verbinder und ein Satinband anbringen (siehe Seite 6).

Tipp: **Schön sieht der Schmetterling auch in hellen Farben aus.**

Abb. 3

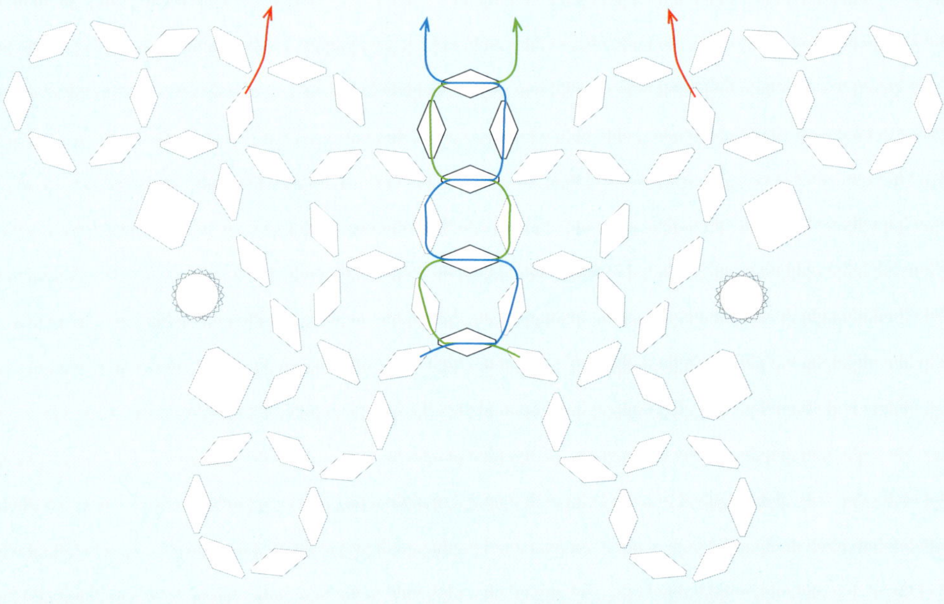

Abb. 4

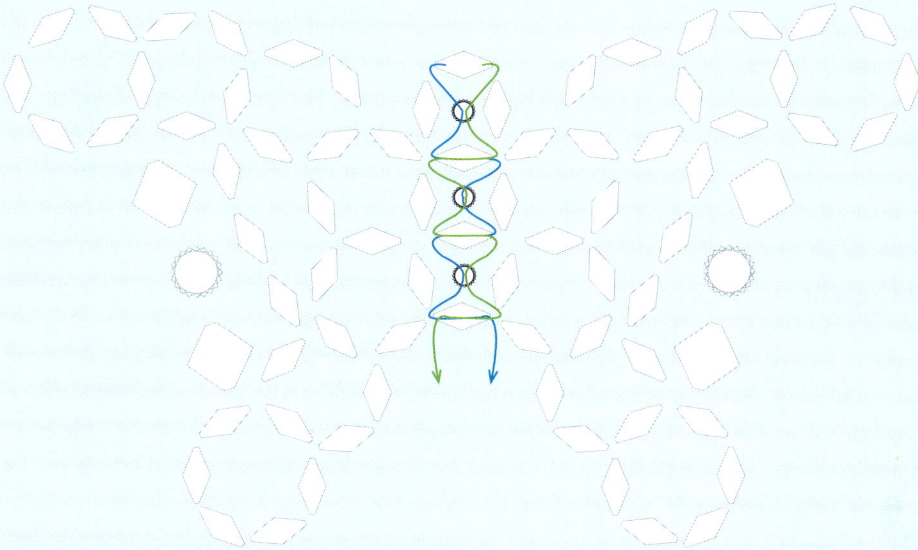

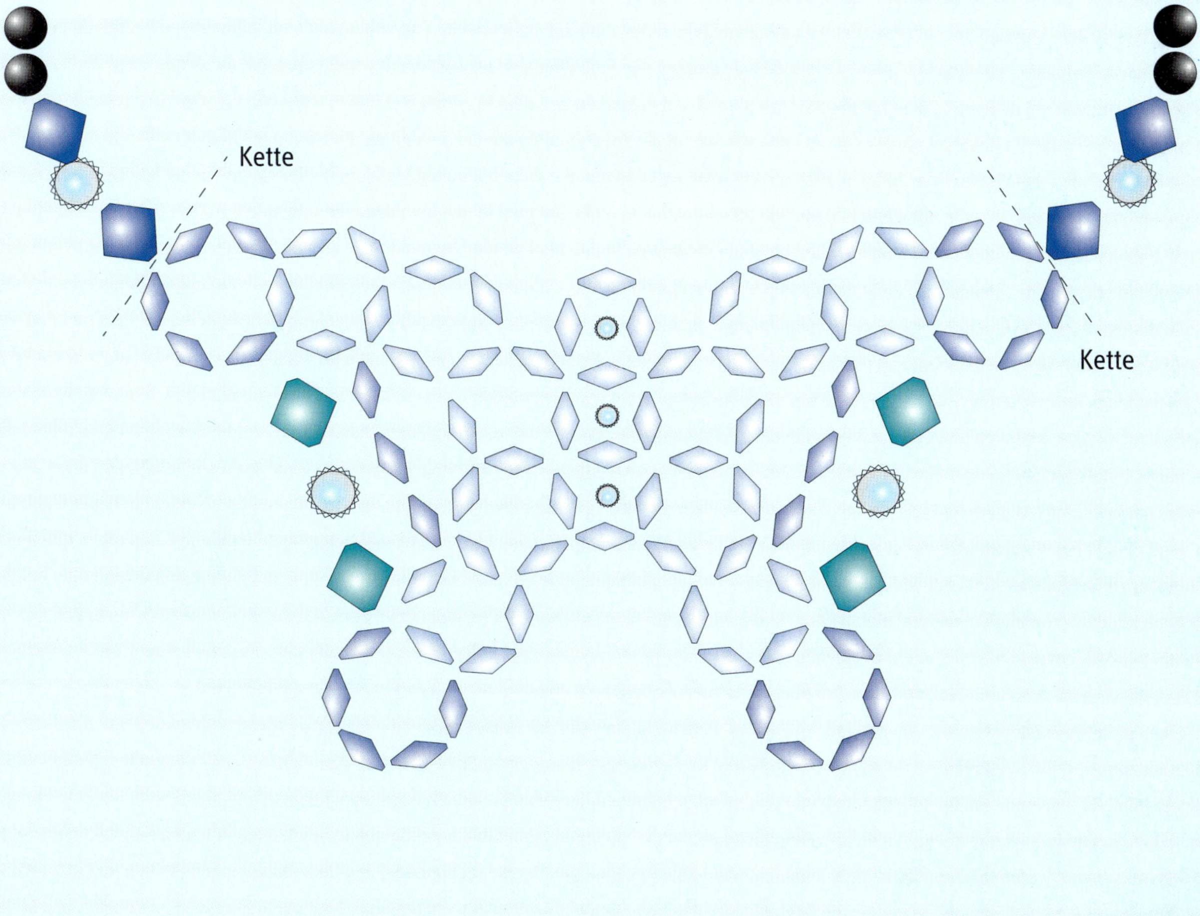

Abb. 5

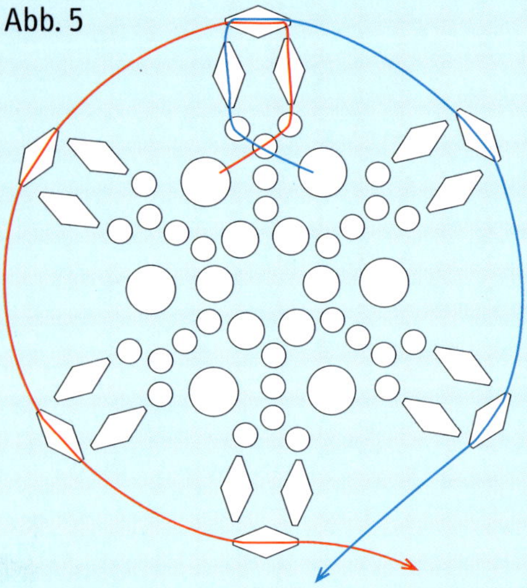

Abb. 6

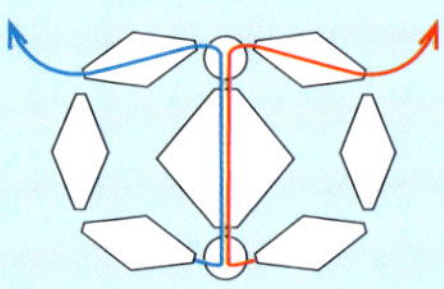

Ring in Grün und Schwarz

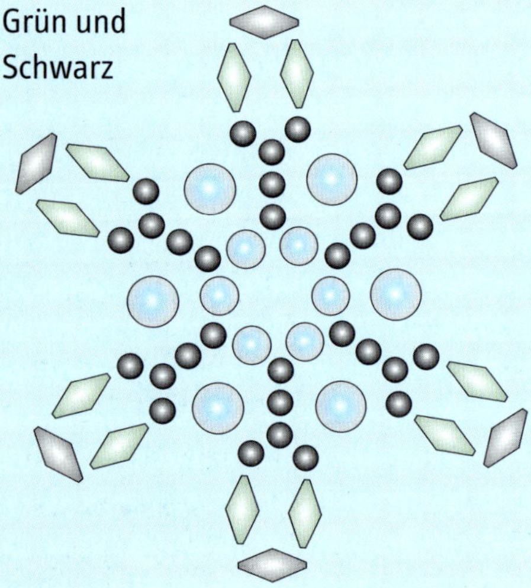

Ring in Karamell und Türkis

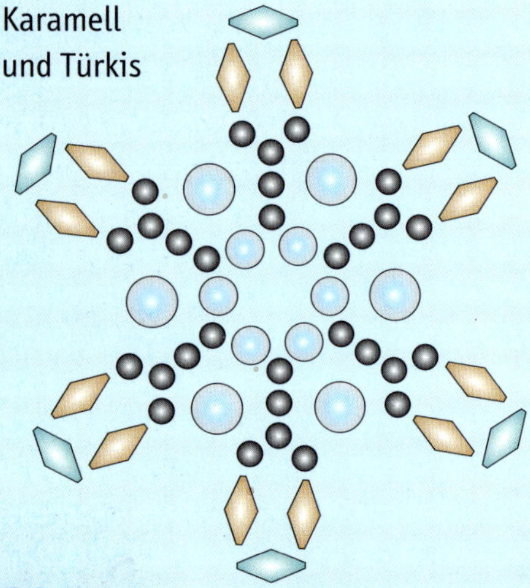

Kugelringe

→ apart

Das Fädelschema entspricht zunächst dem des Sternringes von Seite 20/21.

1 In Abb. 2 (Seite 20) statt einer jeweils zwei Rocailles vor einer großen Glasschliff-Perle (ø 6 mm) aufnehmen.

2 In Abb. 3 (Seite 20) Rocailles statt Glasschliff-Perlen zwischenfädeln, dadurch entsteht die Wölbung.

3 Nach Abb. 4 (Seite 20) die Zacken des Sterns auffädeln, allerdings vor und nach den Swarovski®-Perlen je eine Rocaille aufnehmen, dann zusammenziehen. Den Kreis mit einem der Fäden ein zweites Mal fädeln. (Abb. 5).

4 Dann den Mittelpunkt arbeiten (Abb. 6). Dazu auf beide Fäden eine Rocaille, eine Swarovski®-Perle (ø 6 mm) und wieder eine Rocaille ziehen. Anschließend die Fäden durch beliebige Perlen zurückführen.

5 Die Ringschiene arbeiten und den Ring fertig stellen (siehe Seite 8).

Tipp: Achten Sie unbedingt darauf, den Faden fest anzuziehen.

MATERIAL RING IN GRÜN UND SCHWARZ

- Swarovski®-Perle in Smaragd, ø 6 mm
- 12 Swarovski®-Perlen in Smaragd, ø 4 mm
- 6 Swarovski®-Perlen in Schwarz, ø 4 mm
- 6 Glasschliff-Perlen in Bergkristall, ø 6 mm
- 6 Glasschliff-Perlen in Bergkristall, ø 4 mm (+ ca. 7-9 zusätzlich für Ringschiene)
- Rocailles in Schwarz gelüstert, ø 2 mm
- Nylonfaden, ø 0,25 mm, ca. 1,50 m lang

RING IN KARAMELL UND TÜRKIS

- Swarovski®-Perle in Karamell, ø 6 mm
- 12 Swarovski®-Perlen in Karamell, ø 4 mm
- 6 Swarovski®-Perlen in Ind. Türkis, ø 4 mm
- 6 Glasschliff-Perlen in Bergkristall, ø 6 mm
- 6 Glasschliff-Perlen in Bergkristall, ø 4 mm (+ ca. 7-9 zusätzlich für Ringschiene)
- Rocailles in Schwarz gelüstert, ø 2 mm
- Nylonfaden, ø 0,25 mm, ca. 1,50 m lang

Kleeblätter

→ Handyschmuck oder Halskette

MATERIAL PRO KLEEBLATT
21 Glasschliff-Oliven in Smaragd, 6 mm x 4 mm
- 4 Swarovski®-Perlen in Rosa Chiffon oder Lagune, ø 4 mm
- 4 Swarovski®-Kristall-Blüten, ø 6 mm
- Strassstein zum Aufnähen in Kristall, ø 4 mm
- Nylonfaden, ø 0,25 mm, ca. 1 m lang

ZUSÄTZLICH FÜR HANDYSCHMUCK
- 2 Quetschperlen in Silber, ø 1,8 mm

ZUSÄTZLICH FÜR KETTE
- Schmuckdraht in Silber, ø 0,4 mm, ca. 50 cm lang
- 4 Quetschperlen in Silber, ø 1,8 mm
- 2 Quetschkalotten in Silber, ø 4 mm
- 2 ovale Ringel in Silber, ø 0,8 mm
- 2 Quetschperlen in Silber, ø 1,8 mm
- Flachkarabinerschließe in Silber, ø 5 mm

Kleeblatt

1 Vier Glasschliff-Oliven aufnehmen, die Fäden durch zwei kreuzen und alles in die Mitte des Fadens ziehen (Abb. 1).

2 Die Blätter des Kleeblattes aus Glasschliff-Oliven in Kreisfädelung aufziehen (Abb. 2).

3 Auf jeden Faden eine Swarovski®-Kristall-Blüte und eine Swarovski®-Perle in Lagune oder Rosa auffädeln. Die Fäden durch den Strassstein kreuzen. Auf jeden Faden eine Swarovski®-Perle und eine Swarovski®-Kristall-Blüte aufziehen und die Fäden durch die mit Pfeil markierte Glasschliff-Olive kreuzen (Abb. 3).

Handyschmuck

1 Für den Handyschmuck einen Faden hängen lassen und den anderen durch die Glasschliff-Oliven des mittleren Quadrates weiterführen, bis dieser an der gleichen Stelle wie der andere Faden heraustritt.

2 Die Fäden mit einer Quetschperle zusammenfassen und durch Zusammendrücken ganz nahe an den Glasschliff-Oliven fixieren. Drei Glasschliff-Oliven aufziehen und einen der Fäden abschneiden. Zwei weitere Glasschliff- Oliven und eine Quetschperle aufnehmen. Mit dem Nylonfaden wieder so durch die Quetschperle zurückfädeln, dass eine ca. 4 cm bis 5 cm lange Schlaufe entsteht. Die Quetschperle fixieren. Mit dem restlichen Faden durch drei Glasschliff-Oliven zurückfädeln, dann den Faden abschneiden.

Kette

1 Für die Kette einen Faden hängen lassen und den anderen durch die Glasschliff-Oliven des mittleren Quadrates weiterführen, bis dieser an der gleichen Stelle wie der andere Faden heraustritt.

2 Die Fäden mit einer Quetschperle zusammenfassen und durch Zusammendrücken ganz nahe an den Glasschliff-Oliven fixieren. Drei Glasschliff-Oliven aufziehen und einen der Fäden abschneiden. Zwei weitere Glasschliff- Oliven und eine Quetschperle aufnehmen. Die Quetschperle fixieren und überstehenden Faden abschneiden. Schmuckdraht durch die dritte und vierte Glassschliff-Olive des Kleeblattstiels fädeln. An beiden Drahtenden eine Quetschperle fixieren. Je eine Quetschkalotte über der Quetschperle schließen. Auf einer Seite einen Ringel und auf der anderen Seite einen Ringel, und in diesen wiederum die Flachkarabinerschließe einhängen.

Hinweis: Für die Kette Swarovski®-Perlen in Lagune verwenden.

Abb. 1

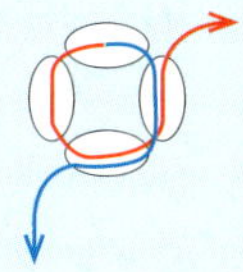

Abb. 2

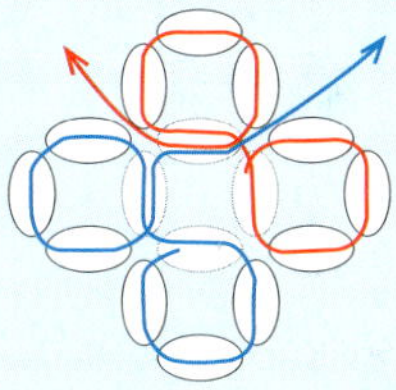

Abb. 3

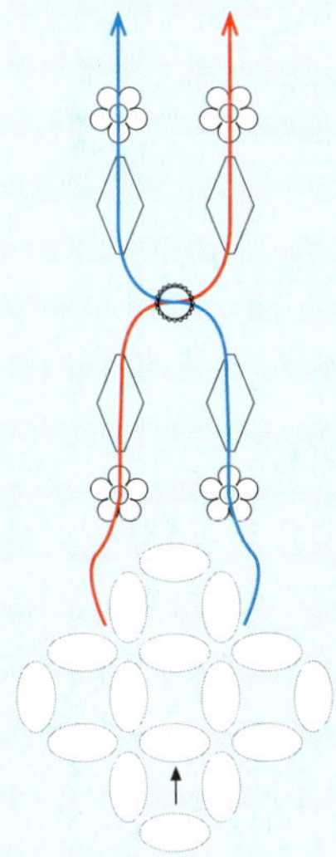

Handyschmuck

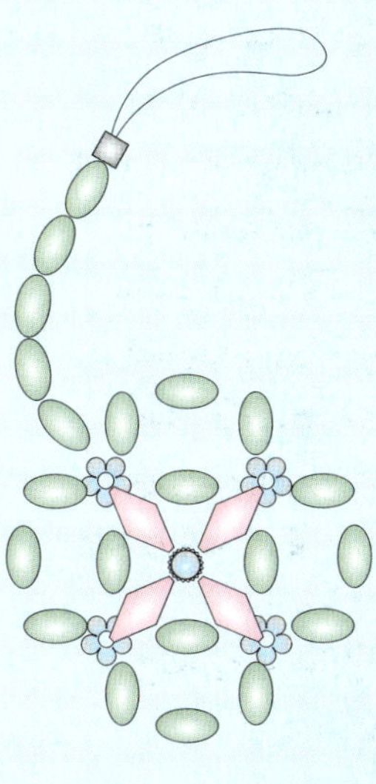

Ensemble

→ Kombinationsvorschlag

Hier sehen Sie, wie schön es wirkt, wenn Sie Ring und Kette miteinander kombinieren.

Der Sternanhänger von Seite 23 harmoniert sehr schön mit dem Sternring von Seite 20.